Les larmes du Dauphin

BIOGRAPHIE

Petite fille, Lucy Daniels aimait beaucoup lire, et rêvait d'être écrivain. Aujourd'hui, elle vit à Londres avec sa famille et ses deux chats, Peter et Benjamin. Originaire de la région du Yorkshire, elle a toujours aimé la nature et les animaux, et s'échappe à la campagne dès qu'elle le peut.

ILLUSTRATIONS INTÉRIEURES : WILLIAM GELDART
ADAPTATION : FABIENNE HÉLOU

L'auteur remercie Jenny Oldfield et C. J. Hall, médecins vétérinaires, qui ont revu les informations contenues dans ce livre.
Conception de la collection : Ben M. Baglio
Titre original : *Dolphin in the deep*

Publié pour la première fois par Hodder Children's Books, Londres

Loi n°49-956 du 16 juillet 1949
sur les publications destinées à la jeunesse
Dépôt légal : juillet 2001
ISBN : 2 7470 1876 8

100% animaux

Les larmes du dauphin

LUCY DANIELS

TRADUIT DE L'ANGLAIS
PAR MICHELLE ESCLAPEZ

HUITIÈME ÉDITION
BAYARD JEUNESSE

Les héros De cette histoire

Cathy Hope a douze ans, et une passion : les animaux. Son ambition est de devenir vétérinaire, comme ses parents. La souffrance des animaux lui est insupportable et elle ne manque jamais une occasion de leur porter secours.

Adam et **Emily Hope** sont les parents de Cathy. Ils dirigent une clinique vétérinaire, l'Arche des animaux, où Cathy passe tout son temps libre.

James Hunter est le meilleur ami de Cathy. Il partage avec elle l'amour des animaux et la suit dans toutes ses aventures.

Tom et **Dorothy Hope** sont les grands-parents de Cathy. Ils vivent au cottage des Lilas, et sont toujours prêts à venir en aide à leur petite-fille.

Adam Hope
Emily Hope
Tom Hope
Dorothy Hope
James Hunter
Cathy Hope

1

– Et dire qu'en ce moment même nous devrions être en route pour l'Angleterre ! s'exclama Cathy en roulant sur le ventre.

Joël, qui était allongé près d'elle sur le pont du bateau, s'étira en poussant un soupir de bien-être.

– Pour retrouver la grisaille et l'ennui, ajouta-t-il.

Cathy Hope avait été invitée par les grands-parents de Joël Logan à prolonger ses vacances en les accompagnant à Blue Bayous, une petite île au large de la Floride.

Bien sûr, Cathy était impatiente de retrouver ses parents et ses activités à l'Arche des animaux, la clinique vétérinaire qu'ils avaient créée, mais elle n'avait pas voulu manquer une telle opportunité de découvrir une partie des États-Unis.

– Il est l'heure de rentrer, annonça Jerry, le grand-père de Joël, en remettant le moteur en marche.

– Déjà ? s'écria Cathy. Je pourrais rester des heures ici : l'eau est tellement claire qu'on n'a même pas besoin de plonger pour admirer les fonds marins ! C'est génial de voir toutes ces anémones, ces poissons multicolores…

– C'est grâce à l'interdiction de la pêche au thon que tu peux voir tout ça, expliqua Jerry. La pose de grands filets en vue de la pêche commerciale est illégale ; du coup, les fonds ne sont pas abîmés et l'écosystème est préservé : on trouve de tout en abondance, et chaque espèce peut se nourrir. C'est aussi pour cette raison qu'il y a autant de dauphins par ici.

– C'est vrai ? s'étonna Joël.
– Avant l'interdiction, de nombreux dauphins sont morts, piégés dans les filets. Voilà pourquoi les défenseurs des droits des animaux ont fait pression pour que leur utilisation soit abandonnée. Je vais vous emmener à Dixie Springs : c'est dans cette baie qu'on trouve le plus de dauphins. Normalement, c'est surtout à l'aube et au crépuscule qu'on les aperçoit, mais nous aurons peut-être de la chance !
Tout en manœuvrant le bateau en direction de la baie, Jerry parlait de la vie des dauphins :
– Ce sont des mammifères qui pêchent en équipe : ils se mettent en rang et rabattent les poissons vers le rivage. Ensuite, ils n'ont qu'à les attraper, un par un.
Impressionnée par l'intelligence de ces animaux, Cathy se pencha par-dessus bord et se mit à scruter les vagues dans l'espoir de voir surgir leurs fines silhouettes grises. Tout à coup, dans les profondeurs de l'eau, elle crut discerner des ombres glissant le long de la coque.

– Ralentis, Jerry. On dirait qu'il y en a deux… Non, trois… quatre !

Jerry coupa le moteur et laissa le bateau dériver. Les minces silhouettes se rapprochaient de la surface. L'une d'elles n'était plus qu'à quelques mètres d'eux, et Cathy distinguait nettement les nageoires de l'animal et le fort balancement de sa queue. Le dauphin colla son museau contre la coque du bateau, se retourna et présenta son ventre pâle. Puis il fila doucement.

– Regardez celui-ci ! s'exclama Joël. Il est beaucoup plus petit. C'est peut-être un bébé !

Le bébé était turbulent. Il se glissa sous le bateau, puis reparut en faisant la culbute. Sa nageoire caudale se montra une seconde à la surface, puis disparut à nouveau. Un peu plus loin, deux dauphins bondirent hors de l'eau dans un éclaboussement d'écume blanche. Le corps tendu comme un arc, ils sautèrent chacun de son côté, l'un à droite, l'autre à gauche. Une demi-seconde plus tard, ils avaient disparu.

– Mais c'est tout un banc, une vraie colonie ! s'écria Jerry, ravi. Certains d'entre eux ont à peine quelques mois.

– À quelle vitesse vont-ils ? demanda Cathy.

– Ceux-là nagent à environ vingt kilomètres à l'heure, mais j'en ai vu qui allaient beaucoup plus vite. Ils peuvent faire des pointes de quarante kilomètres !

Trois autres dauphins s'approchèrent du bateau, ils plongèrent à la dernière minute et continuèrent à nager sous l'eau, provoquant en surface un jet d'écume blanche et poussant de petits cris aigus.

– Cathy, on dirait qu'ils te parlent, dit Jerry en riant. Essaie de leur répondre.

– Mais comment ?

Jerry frappa de légers coups sur la barre de métal contre laquelle s'appuyait Cathy.

– Ils adorent ce bruit, ça les intrigue.

Cathy tapa à son tour avec ses lunettes de soleil. Le bruit attira aussitôt tous les dauphins qui parurent en surface en un formidable remous. Ils poussaient des cris étranges et soufflaient fort à travers leurs évents, des trous situés sur le dessus de leurs têtes. Ils émergeaient de l'eau par groupes, ils semblaient écouter le signal et y répondaient par des cris sonores. Un vrai concert !

– Et si on allait nager avec eux ? proposa Joël.

Cathy était un peu réticente : elle craignait que les dauphins ne prennent peur et qu'ils ne s'enfuient. Elle interrogea Jerry du regard.

– Vous pouvez y aller ! dit-il. On n'a jamais vu un dauphin attaquer délibérément un être humain !

Joël se mit à l'eau. Les dauphins restaient à distance, comme s'ils se méfiaient de ce nouvel arrivant.

– Oui, mais nous allons peut-être les effrayer ? insista Cathy.

– Ne t'inquiète pas pour eux, ils ne sont pas peureux. Ils sont capables de tuer un requin en le chargeant aux flancs !

Cathy se décida alors à suivre Joël. Elle plongea et nagea en apnée sur plusieurs mètres. Lorsqu'elle ouvrit les yeux, elle se retrouva face à face avec l'une des plus merveilleuses créatures qu'elle ait jamais vues ! Le dauphin se dirigea vers elle et la poussa gentiment de son nez allongé en forme de bec tout en la fixant de ses petits yeux avec curiosité.

Cathy tendit la main. Sous ses doigts, la tête du dauphin était douce et ferme, et quand il se mit sur le dos pour qu'elle lui caresse le ventre, elle sentit jouer les muscles puissants qui le propulsaient sous l'eau. D'un coup de nageoire, il se retourna de nouveau, puis remonta vers la surface en se tortillant. Elle le suivit et émergea à son tour pour aspirer une bouffée d'air.

Joël passa près d'elle pour rejoindre deux des plus gros dauphins qui nageaient côte à côte.

– Regarde ça ! lui cria-t-il. Je vais faire du stop !

Comme le dauphin se glissait adroitement hors de sa portée, Cathy ne put réprimer un sourire. Mais Joël se montra persévérant, et les dauphins étaient conciliants. Lorsqu'il fit une nouvelle tentative, l'un d'eux le laissa s'agripper à sa nageoire dorsale. Le dauphin nagea vers le large, entraînant le garçon dans son sillage. L'excitation de Joël était à son comble. Il poussait de grands cris de joie, battant des pieds sans se soucier de savoir s'il gênait son compagnon de jeu. Or, le dauphin ne dut pas apprécier outre mesure son agitation. S'arrêtant brusquement, il plongea et abandonna Joël en pleine mer, bien loin du bateau.

Jerry sourit et remit le moteur en marche.

– Allons, monte à bord ! dit-il à Cathy en lui tendant la main. Nous devons partir à son secours !

Toute la colonie de dauphins les suivit, formant un cortège de chaque côté du bateau. Lorsqu'ils arrivèrent près de Joël, Jerry coupa le moteur. Les dauphins se mirent alors en cercle autour du garçon. Ils avaient l'air de sourire, ouvrant tout grand leurs mâchoires pour absorber d'énormes lampées d'eau de mer.

– Attention ! s'écria Jerry.

Trop tard ! Les dauphins qui entouraient Joël avaient déjà tiré sur lui leurs provisions ! Les jets d'eau salée jaillissaient de leurs évents comme des fontaines, arrosant Joël de gouttelettes étincelantes.

– Eh bien, cette fois, tu as eu ce que tu méritais ! s'exclama Cathy en riant.

2

Le lendemain de leur tour dans la baie de Dixie Springs, Cathy et Joël, enthousiasmés par leur rencontre avec les dauphins, avaient décidé de proposer leurs services au Centre de secours et de réhabilitation de la vie sauvage. Ce lieu accueillait les animaux malades ou blessés : ils étaient soignés avant d'être relâchés dans leur environnement naturel. Les deux enfants avaient tout de suite sympathisé avec Laurence Young, la vétérinaire qui dirigeait le centre, aidée d'une troupe de bénévoles.

Quelques jours plus tard, alors qu'elle aidait Laurence à soigner les pensionnaires du centre, Cathy lui posa quelques questions :

– As-tu déjà eu l'occasion de porter secours à un dauphin ? Je veux dire, s'il y avait un dauphin malade échoué sur le rivage, est-ce que tu pourrais t'occuper de lui ?

– Tu me poses une colle !

Laurence était en train d'examiner un aigle qui avait une aile brisée. L'oiseau était noir, à l'exception de la tête et la queue, toutes blanches. Tandis que Laurence cherchait à déployer son aile puissante, il tourna la tête pour lui piquer la main de son bec recourbé. La jeune femme la maintint adroitement et recula, se mettant ainsi hors de portée des coups de l'animal.

– En fait, si nous avions affaire à un dauphin malade, nous appellerions probablement un expert de la vie marine, répondit-elle finalement. Nous serions incapables de nous en occuper nous-mêmes.

Laurence termina rapidement de soigner l'aigle, et elle le remit sur son perchoir.

L'énorme oiseau se lissa les plumes, donna un coup de tête en avant comme pour les mettre en garde, puis les fixa de ses yeux ronds.

La jeune femme se tourna vers Cathy :

– Pourquoi demandes-tu ça ?

– Pour rien ; je voulais savoir.

Cathy saisit un seau plein de poissons pour aller nourrir les pélicans au plumage sombre. Ils se dirigèrent vers elle en se dandinant, leurs poches flasques tremblotant sous leurs longs becs. Cathy saisit un poisson par la queue et le lança aux oiseaux. Le pélican le plus proche ouvrit grand son bec pour l'attraper. Laurence restait hors de la cage, les bras croisés.

– Joël m'a dit que vous aviez nagé avec des dauphins, il y a quelques jours.

Cathy prit un autre poisson et le jeta aux pélicans.

– Est-ce qu'il t'a aussi raconté la douche qu'ils lui ont fait prendre ?

– Je pense qu'il a oublié cet épisode, dit Laurence en riant. Joël, ne sous-estime jamais un dauphin ! ajouta-t-elle à l'adresse du garçon, qui venait juste d'arriver.

– J'ai quand même fait un tour accroché à l'un deux ! répondit Joël, un peu vexé.

– En tout cas, on peut dire qu'ils ont le sens de l'humour ! observa Cathy.

– Ils font aussi preuve d'une intelligence remarquable ! ajouta Laurence. Pour moi, le dauphin est unique en son genre.

– Qu'est-ce qu'il a de spécial ? voulut savoir Joël.

– Premièrement : le dauphin est le seul mammifère marin à montrer un réel attachement à l'homme. Deuxièmement : les dauphins ont développé une forme avancée de vie sociale. Ils prennent soin les uns des autres. Par exemple, quand un bébé naît, deux ou trois femelles jouent le rôle de sage-femme auprès de la mère. Elles aident le petit à remonter à la surface pour qu'il puisse prendre sa première respiration et elles le protègent des requins qui pourraient se trouver à proximité.

– Quoi encore ? demanda Cathy, avide d'en savoir plus.
– Troisièmement : le cerveau d'un dauphin est plus gros que celui de tous les autres mammifères marins. En fait, son cerveau a la même taille que celui de l'homme.
– Ça voudrait dire qu'ils pensent comme nous ? Qu'ils sont aussi intelligents que nous ? demanda Joël d'un air de doute.
– Qui peut savoir ? répondit Laurence avec un geste d'impuissance. Certains scientifiques disent qu'un dauphin a seulement l'intelligence d'un chien ou d'un chimpanzé. D'autres soutiennent qu'elle est égale à celle de l'homme.
– Moi, j'en suis persuadée ! s'écria Cathy. Reste à le prouver !
Laurence leur proposa de monter au premier étage pour prendre un goûter. Une demi-heure plus tard, assis à l'ombre de la véranda sur des chaises en rotin, ils parlaient encore de dauphins en attendant que le grand-père de Joël vienne les chercher.
– Je vais vous raconter l'histoire d'un jeune

homme qui pêchait dans le golfe de Mexico, commença Laurence. Son bateau, pris dans une violente tempête, se retourna. Le pêcheur réussit à s'accrocher à la coque, mais, se trouvant en pleine mer et à des lieues de tout être vivant, il ne gardait aucun espoir d'être secouru. Il savait aussi que les requins ne tarderaient pas à le repérer ; ce n'était qu'une question de temps. Il passa donc toute la nuit dans l'eau à guetter le moindre mouvement… Alors que le soleil se levait, il perçut des remous autour de lui. Il croyait sa dernière heure arrivée... lorsqu'il découvrit qu'il était entouré par des dauphins. Ces braves bêtes le protégeaient des requins, dont il pouvait voir les ailerons fendre la surface de l'eau un peu plus loin. Son supplice dura deux jours et deux nuits. Le jeune homme mourait de soif, de faim, mais aussi de fatigue. Heureusement, dès qu'il s'endormait, les dauphins s'approchaient et l'éclaboussaient pour le tenir éveillé. En effet, pour lui, dormir, c'était périr : il se serait noyé et aurait été déchiqueté par les requins.

– Et que s'est-il passé ? A-t-on réussi à le sauver ? demanda Joël.
– Les dauphins ont continué à l'asperger, et il a tenu bon jusqu'à ce qu'un bateau arrive.
– C'est donc une histoire vraie ? s'étonna Joël.
Laurence sourit :
– Cet homme, c'est mon père. Il n'avait que vingt ans à l'époque. Aujourd'hui, il en a presque soixante. Depuis, il porte toujours un pendentif en forme de dauphin. Il jure qu'il ne s'en séparera pas jusqu'à sa mort.
Cathy soupira. Pour elle, c'était une histoire à la fois mystérieuse et merveilleuse. Dans le silence qui suivit, Laurence secoua la tête comme pour chasser ses souvenirs, puis se leva et alla se remettre au travail.
– À quoi penses-tu, Cathy ? demanda Joël.
Lui aussi était impressionné. Cathy regarda vers la cour :
– J'étais en train de me dire que j'aime bien les hérons bleus, les pélicans bruns et les aigles à tête blanche, que je raffole encore plus des ratons laveurs et j'adore les crocodiles…

– Mais…

– … Mais, à partir de maintenant, ce sont les dauphins que je préfère ! termina-t-elle avec fougue.

3

Le lendemain, Cathy reçut un coup de fil de Laurence, alors qu'elle se prélassait sur la terrasse en mâchonnant un biscuit.

– Que dirais-tu de me retrouver au Centre de secours d'ici une demi-heure? lui proposa la jeune femme. Il y a une urgence, et je dois faire un tour jusqu'à Ibis Gardens.

– Et tu veux bien que je t'accompagne?

– Bien sûr, si ça te dit. Je vais ramener Mitch à Mel Hartley.

– Qui est Mitch?

– Une loutre de mer. Mel l'a amenée au

centre avec une patte coupée, et elle est tout à fait rétablie maintenant.
Cathy ne réfléchit pas bien longtemps. Elle savait qu'Ibis Gardens était un parc d'attractions important où l'on pouvait voir toutes sortes d'animaux exotiques : des éléphants, des zèbres, des girafes…
– J'arrive ! Laisse-moi juste quelques minutes ! Est-ce que Joël peut venir, lui aussi ?
– Bien sûr !

Cathy et Joël retrouvèrent Laurence dans la cour du centre. La jeune femme était en train de charger une petite cage dans le camion.
– Salut, vous deux ! Je vous présente Mitch. Excusez-la, mais elle est un peu nerveuse. Elle n'aime pas être enfermée !
Cathy et Joël montèrent à l'arrière du camion et regardèrent la petite loutre de mer à travers les barreaux. Elle avait un épais pelage brun et les pieds palmés ; elle martelait le sol de la cage avec sa large queue.

Elle tourna vers eux son museau moustachu.
– Tiens bon, tu seras bientôt chez toi ! lui promit Cathy.
Il fallait environ une demi-heure de voiture pour rejoindre l'extrémité nord de l'île. Pendant le trajet, Cathy soumit Laurence à un véritable interrogatoire :
– Est-ce que Mitch a son propre bassin ?
– Non, elle le partage.
– Avec qui ? Avec d'autres loutres de mer ?
– Non. Mitch est la seule de son espèce.
– Avec qui alors ?
– Avec Bob et Tommy.
– Qui sont Bob et Tommy ?
Laurence secoua la tête.
– Je ne te l'ai pas dit ? demanda-t-elle d'un ton légèrement moqueur en lui jetant un coup d'œil dans le rétroviseur.
Au bout d'un moment, elle ajouta :
– Bob et Tommy sont l'attraction majeure d'Ibis Gardens. Ce sont des dauphins à gros nez !

– Cathy, Joël, voici Bob et Tommy.

L'entraîneur de dauphins, Mel Hartley, présentait aux deux amis son couple de vedettes. Cathy se pencha au-dessus du bassin d'entraînement. Son cœur se mit à battre plus fort lorsqu'elle vit les deux dauphins qui nageaient dans sa direction. Ils s'arrêtèrent juste sous son nez, la tête en arrière, se balançant au rythme de l'eau comme s'ils la saluaient et claquant du bec avec un ensemble parfait.

– Ils te saluent, lui expliqua Mel.

– Salut, Bob ! Salut, Tommy !

Joël s'agenouilla au bord du bassin :

– Est-ce que je peux les caresser ?

– Bien sûr, ils adorent ça.

Cathy resta quelques secondes à observer les dauphins. Tous deux avaient le même front gris et bombé, de petits yeux placés un peu en arrière de chaque côté de leur tête et une large bouche qui semblait sourire. Elle s'accroupit ensuite à côté de Joël. Elle se sentait à la fois gauche et surexcitée. Elle tendit la main pour caresser la tête du dauphin le plus proche. Sa peau était ferme, douce au toucher et dégageait une forte odeur de poisson.

– Ce n'est ni chaud ni froid ! Très étrange !

Pendant que Joël continuait à frotter le nez de son dauphin, celui de Cathy agitait ses nageoires pour rester à sa portée tandis qu'ils liaient connaissance. Il émit un message, fait d'une rapide succession de sons brefs, tout en continuant à se balancer sous sa caresse. Cela la fit sourire.

– Bonjour ! lui dit-elle doucement. C'est bien ce que tu veux dire ?

Joël se mit à chatouiller son dauphin sous le menton.

– Attention qu'il ne t'arrose pas ! l'avertit Cathy en riant.

– Tu te crois drôle ? En tout cas, je ne comprends pas pourquoi Laurence ne nous a rien dit de ces deux-là !

Cathy jeta un coup d'œil vers la vétérinaire et l'entraîneur, qui bavardaient un peu plus loin.

– Je me demande si Bob et Tommy se plaisent ici ! dit-elle à Joël. Tu ne crois pas que le bassin est trop petit ?

– Non. Ils sont ici chez eux. Ils sont probablement nés dans ce delphinarium, et ils ne savent pas ce qu'est la liberté.

– Je n'en suis pas si sûre.

Cathy se releva et regarda le couple de dauphins. Elle avait toujours eu du mal à accepter qu'on maintienne des animaux en captivité. Et pourtant, Joël avait sans doute raison : ils ne semblaient pas malheureux.

De toute façon, ce n'était pas le moment d'en parler ; Mel et Laurence revenaient vers eux. Mel déposa la petite loutre sur le bord du bassin et la regarda plonger dans l'eau. Elle reparut très vite à la surface, luisante et heureuse, entre ses deux compagnons.

– Je vous annonce une bonne nouvelle ! dit Laurence aux enfants. Nous sommes arrivés au bon moment. Il y a un spectacle dans l'arène principale dans cinq minutes. Venez, allons le voir !

4

Telles deux torpilles silencieuses, Bob et Tommy traversèrent le tunnel sous-marin qui menait du bassin d'entraînement à l'arène principale. Ils resurgirent en surface pour faire un saut de trois mètres de haut devant une foule éberluée. Comme les dauphins disparaissaient à nouveau sous l'eau, tous les spectateurs se penchèrent en avant pour les suivre du regard. Ils reparurent et sautèrent une nouvelle fois, avant de filer vers le fond du bassin. Cathy et Joël, installés au premier rang, furent vite trempés par les

paquets d'eau soulevés par leurs ébats.
Mel Hartley apparut alors dans l'embrasure de la porte, au fond de l'arène. Il fit un geste de la main pour saluer la foule. Immédiatement, les deux dauphins surgirent à la surface en agitant leurs nageoires.
– Comment font-ils ? Il ne leur a même pas donné de signal ! s'étonna Cathy.
– Mais si, lui dit Laurence. Tu ne vois pas le sifflet qu'il porte à la bouche ? Il a un son trop aigu pour que nous puissions l'entendre. Mais les dauphins, eux, le perçoivent. Ils ont une ouïe très fine.
À présent, Mel se tenait debout au bord du bassin, attendant que Bob et Tommy émergent de nouveau. Ils reparurent, roulèrent sur le dos et parcoururent ainsi toute la longueur du bassin. Ensuite, ils se retournèrent sur le ventre et filèrent en sens inverse en faisant claquer leurs larges queues sur l'eau dans un sillage d'écume blanche.
Il y eut encore des applaudissements, des cris de surprise et d'admiration tandis que les dauphins terminaient leur duo.

Mel plongea la main dans une boîte posée à l'extrémité du bassin et en tira deux petits poissons pour les lancer en récompense à Bob et à Tommy à la fin de l'exercice. Ils les avalèrent et regagnèrent tranquillement l'autre bout du bassin.

Le spectacle continua sous les applaudissements des spectateurs, stupéfaits par l'adresse des dauphins. Il s'acheva une dizaine de minutes plus tard.

– Regardez ! Voici le final ! dit Laurence aux enfants.

Cathy regardait de tous ses yeux. Elle vit Mel se glisser dans l'eau et aller se placer entre les deux dauphins. Ceux-ci le saluèrent gentiment du bout de leurs longs nez, puis tous trois disparurent sous la surface blanche d'écume. Pendant quelques secondes, on ne les vit plus. Les dauphins reparurent enfin, avec Mel à califourchon sur l'un d'eux ! Tout en essayant de garder l'équilibre, il entreprit de se mettre debout tandis que les dauphins parcouraient une fois encore toute la longueur du bassin. Il se tenait les bras écartés, un pied sur le dos de Bob, l'autre sur celui de Tommy. Au bout d'un moment, les deux dauphins se séparèrent, et Mel se laissa tomber dans l'eau. Les dauphins plongèrent, puis exécutèrent une dernière roulade pour saluer le public.

– Alors, le célèbre duo vous a-t-il plu? demanda Mel après le spectacle.
– Génial! Ils sont tellement obéissants et toujours synchrones! s'enthousiasma Cathy.
– Est-ce qu'on pourrait retourner les voir? demanda Joël en sautant sur l'occasion.
– Bien sûr. Suivez-moi.
De son pas élastique, Mel les précéda jusqu'au bassin d'entraînement. Il se tourna vers Laurence:
– Jusqu'à quand peux-tu rester?
– Jusqu'au dîner. J'ai un volontaire qui me remplace au centre.
Arrivé devant le bassin, ils s'accroupirent et repérèrent très vite les dauphins, dont les nageoires triangulaires s'agitaient doucement sous l'eau.

– Comment font-ils pour agiter la queue de haut en bas, alors que les poissons le font de droite à gauche ? demanda Cathy.

Les voyant de si près, elle pouvait enfin étudier leur puissante musculature.

– C'est dû à la façon dont les muscles sont attachés à l'épine dorsale, répondit Laurence. L'anatomie de ces mammifères est différente de celle des poissons.

– Et comment respirent-ils ?

– Par l'évent, le trou qu'ils ont au sommet du crâne, comme tous leurs congénères, depuis le marsouin jusqu'au requin mangeur d'hommes. Ils appartiennent tous au même groupe.

Joël plissa le front :

– Hé ! Si on arrêtait la leçon de sciences pour les nourrir ? Ce serait plus sympa, non ?

Mel sourit :

– C'est exactement l'avis de Bob et de Tommy.

Les dauphins s'étaient rapprochés de la surface et nageaient rapidement en rond, faisant déborder l'eau du bassin. Cathy ne

put s'empêcher de poser une autre question :
– Combien de kilos de poissons mangent-ils par jour ?
Mel éclata de rire tout en prenant un poisson dans la boîte et le tendant à Joël :
– Beaucoup trop, à en croire le patron ! Tommy mesure presque trois mètres de long et il pèse cent soixante-quinze kilos, ce qui nous donne un assez beau spécimen. Il mange environ dix kilos de poissons par jour.
Mel s'agenouilla près du bassin et frappa la surface de l'eau du plat de la main. Bob arriva aussitôt.
– Il a l'air moins gros, dit Cathy.
– Il ne pèse que cent cinquante kilos.
Mel se pencha pour gratter gentiment la tête du dauphin.
– Il ne se sent pas très bien en ce moment. N'est-ce pas, mon garçon ? Je dois l'encourager à manger.
Il prit un poisson et le glissa dans sa gueule. Cathy aperçut une série de dents irrégulières, qui lui fit penser à une fermeture

Éclair. Bob avala le poisson sans le mâcher, la tête la première.
– Et ça leur est égal de vivre dans un delphinarium ?
La question avait échappé à Cathy. Elle n'avait pas cessé d'y songer tout le temps du spectacle. Elle pensait confusément que ces beaux dauphins étaient traités comme des animaux de cirque. Mel plissa les yeux et lui lança un coup d'œil rapide.
– Comment le saurais-je ? Je ne le leur ai jamais demandé.
La réponse avait fusé, brève mais éloquente. Il se leva et alla chercher un autre seau de poissons dans la réserve réfrigérée. Laurence fronça les sourcils.
– Tu viens de faire une belle gaffe, Cathy. Mel travaille avec Bob et Tommy depuis cinq ans, c'est-à-dire depuis toujours. Ils sont nés ici, à Ibis Gardens, et ils ont vécu avec leur mère jusqu'à sa mort, en automne dernier.
– Je suis désolée.
Elle rougit, puis soupira :

– Mais c'est bien ce qu'a dit Mel : on ne peut pas vraiment savoir puisqu'on ne peut le leur demander, n'est-ce pas ?

Elles se turent un instant pour regarder le couple de dauphins apprivoisés qui ne cessait de parcourir le bassin d'entraînement, long de vingt mètres.

Mel revint avec des poissons frais. Il semblait de meilleure humeur.

– Puisque Cathy n'a pas l'air de croire que mes dauphins sont heureux ici, pourquoi ne pas juger par vous-mêmes ?

– Que voulez-vous dire ? demanda Joël.

– Restez ici tous les deux. Je veux dire, si vous n'avez rien d'autre à faire pendant les deux jours qui viennent.

Cathy bondit sur l'occasion :

– Pour vous aider ?

Elle se tourna vers Laurence :

– Est-ce possible ?

– Je suppose, si le directeur est d'accord bien entendu.

Mel approuva d'un signe de tête :

– Pas de problème. Si je lui dis que deux

jeunes volontaires sont prêts à travailler avec moi gratuitement, il acceptera sur-le-champ.

– Le patron de Mel s'appelle Will Boston, expliqua Laurence. Il est le propriétaire d'Ibis Gardens. Il pourrait sûrement vous loger dans les chambres réservées au personnel.

– Où donc ?

Cathy n'avait vu du parc d'attractions que la partie réservée aux touristes : le grand bassin, l'enclos des gorilles, l'enceinte des tigres, ainsi que les îles au milieu du lac, où vivaient les singes.

– À l'arrière du parc. Ça ressemble à un motel et c'est assez rudimentaire. Aucun luxe superflu.

– On aura la télé ? s'inquiéta Joël.

Mel sourit :

– Bien sûr. Mais si tu restes ici, je te promets tant de travail que tu n'auras pas beaucoup de temps pour la regarder !

Laurence jeta un coup d'œil sur sa montre :

– Qu'en dites-vous ? Joël, veux-tu télé-

phoner à ton grand-père pour lui demander s'il est d'accord ?
Joël hésitait encore :
– Et… nous allons travailler pour rien ?
– Je vous offre le gîte et le couvert. Sans parler de la chance unique d'étudier de près la vie d'un dauphin !
– Pourrons-nous vous aider pendant les spectacles ? Est-ce que Bob et Tommy nous montreront leurs tours ?
Cathy s'impatientait. Elle-même n'avait pas hésité une seconde. Deux ou trois jours passés en compagnie des dauphins, à les nourrir, à nettoyer leur bassin et, pourquoi pas, à nager avec eux et à apprendre tout ce qu'il y avait à savoir à leur sujet ! Pourquoi Joël était-il si réticent ?
– Ils le feront sûrement s'ils ont confiance en vous, lui dit Mel en le regardant droit dans les yeux. Mais s'ils ne vous aiment pas, alors, inutile d'insister !
– C'est d'accord, concéda finalement Joël. Allons téléphoner à grand-père pour lui dire que nous voulons rester !

5

– Que se passe-t-il exactement entre vous et les dauphins ? demanda Cathy.

Assise au bord du bassin, les jambes pendantes, elle regardait Mel mettre au point un nouveau tour avec eux. Bob et Tommy devaient nager côte à côte, avec Mel entre eux. L'entraîneur sifflait trois fois, puis attrapait chaque dauphin par une nageoire. Ils l'entraînaient alors à l'allure la plus rapide possible. Deux essais avaient suffi pour qu'ils comprennent le tour ; ils l'exécutaient maintenant à la perfection.

– À vrai dire, je n'en sais trop rien.
Mel se hissa sur le rebord et s'assit près d'elle, se penchant pour présenter aux dauphins deux petits poissons en guise de récompense.
– C'est quelque chose de très particulier, reprit-il. Une sorte de lien que l'on ressent sans vraiment pouvoir l'exprimer. Je sais seulement que j'ai beaucoup de chance qu'ils me fassent confiance.
Cathy approuva de la tête. Elle aimait bien Mel, et elle aurait voulu pouvoir en dire autant de Will Boston, le propriétaire des lieux, qui s'avançait en ce moment dans leur direction. C'était le dimanche matin, avant l'ouverture du parc d'attractions.
– Salut ! leur lança-t-il d'un ton bourru.
Il avait à la main un journal enroulé dont il tapotait nerveusement sa jambe.
– Salut, Will, répondit Mel.
Il ne leva pas la tête, observant Bob qui venait de refuser la nourriture offerte.
– Je viens juste de parler au gamin, euh… Joël.

Cathy jeta un coup d'œil au propriétaire d'Ibis Gardens. Il tournait le dos au soleil et son visage était dans l'ombre. Au ton de sa voix, elle comprit cependant qu'il n'était pas content. Elle s'imagina des sourcils froncés et, sous la moustache sombre et broussailleuse, une bouche dont les coins tombaient. Mel et lui ne semblaient pas s'entendre.

– Ce môme m'a dit que tu t'inquiétais pour Bob. Qu'est-ce qui ne va pas ? Il est malade ou quoi ?

L'entraîneur se releva, les poings sur les hanches :

– Je n'en sais rien, mais il ne mange pas beaucoup.

Will Boston grogna :

– Moi, je trouve qu'il a l'air en forme.

Mel s'accroupit pour asperger le dos du dauphin qui venait de remonter en surface pour respirer.

– Il a peut-être mangé quelque chose qui ne lui a pas convenu... Il doit faire une indigestion.

– À mon avis, il se moque de nous. Il

voudrait qu'on s'apitoie sur son sort, juste pour ne pas avoir à travailler.
Le ton du patron signifiait clairement qu'il ne tolérerait aucune excuse.
– Ces animaux sont intelligents, ne l'oublie pas. Et sache que je ne peux pas me payer le luxe de garder un animal malade.
– Je sais, je sais. Et toi aussi, n'est-ce pas, Bob ? Quatre représentations par jour, six jours par semaine. Dis à M. Boston qu'il n'a pas de raison de s'inquiéter.
En réponse, Bob émit un cri aigu, venu du plus profond de son larynx. Cathy retint un sourire. On aurait dit que le dauphin avait compris exactement le sens des paroles de Mel.
– Le spectacle ne vaudrait pas un clou s'il nous en manquait un, reprit le patron. On a besoin des deux. C'est là-dessus qu'on a fait notre publicité : une double performance. Alors ce n'est certainement pas le moment de se reposer !
Cathy trouvait cet homme vraiment antipathique. Très autoritaire envers son personnel, il ne manifestait aucune compréhension ni

gentillesse. Il se tourna vers elle alors qu'elle était en train de l'observer :
– Tu as entendu, toi ? Ne laisse pas ces gars-là se moquer de toi, et fais-leur comprendre qui est le maître ici.
Il jeta un coup d'œil sur sa montre :
– Bon ! Première représentation de la journée dans une demi-heure ! Et je veux que ce dauphin soit en forme, compris ?
– C'est compris, répondit Mel brièvement.
– Allez, passe une bonne journée ! dit Will Boston à Cathy en partant. Mel, suis-moi. J'ai quelques détails à régler avec toi.

Cathy se sentit soulagée de rester seule avec les dauphins. Il lui suffisait de les voir s'approcher de la surface afin de venir la saluer, de regarder l'eau glisser sur leurs larges dos pour retrouver sa bonne humeur.

– Est-ce votre façon de nager ou avez-vous toujours envie de jouer ? leur demanda-t-elle à haute voix.
– Tu sais ce que les gens disent ?

Cathy sursauta. Joël venait de surgir brusquement derrière elle.

– Non ?

– Eh bien, ils disent que parler tout seul…, ça signifie que l'on devient fou, ma pauvre !

Il s'assit au bord du bassin, les jambes pendantes.

– Je ne parlais pas toute seule, je m'adressais à Bob et à Tommy.

Joël haussa les épaules :

– C'est la même chose.

– Pas du tout ! Nous faisions plus ample connaissance, c'est tout. Tu sais, nous nous entendons très bien. Tu ne me crois pas ?

Décidée à lui en apporter la preuve, Cathy saisit le sifflet que Mel avait posé sur le bord du bassin, se le passa autour du cou et sauta dans l'eau. Les dauphins l'accueillirent chaleureusement en la poussant de leurs longs nez. Cathy essaya de se rappeler la façon dont Mel se comportait avec eux. Pendant quelques minutes, elle se contenta de nager, en leur laissant le temps de s'habituer à sa présence.

– Eh bien? fit Joël. C'est maintenant que j'applaudis?
– Attends un peu.
Elle porta le sifflet à ses lèvres et lança trois appels brefs sans être sûre du résultat... Ça marchait! Tommy se rangea à sa droite; Bob prit place de l'autre côté. Elle se trouva entre les deux dauphins. Ils lui offrirent leurs nageoires afin qu'elle puisse s'y cramponner. Ensuite, ils agitèrent leurs queues et se mirent à filer à la surface de l'eau en gagnant de la vitesse. Elle n'avait plus qu'à se laisser entraîner! Au bout de deux tours, les dauphins ralentirent peu à peu, puis ils s'éloignèrent chacun de son côté, la laissant couler dans l'eau claire et transparente. Quand elle émergea à nouveau, Mel était là, près d'un Joël éberlué.
– C'était très bien! s'exclama Mel en l'applaudissant. Il faut inclure ça dans le spectacle!
Tout essoufflée et encore étonnée par sa propre audace, Cathy se hissa hors du bassin.

– Que veux-tu dire ?

– Gardons-le pour le spectacle, répéta-t-il. C'était vraiment bon !

– Tu veux que je fasse ça devant toute une foule de gens ?

À cette seule idée, elle sentit ses jambes flageoler. Mel lui sourit gentiment :

– Pourquoi pas ? Maintenant que les dauphins ont confiance en toi, tu peux leur faire faire tout ce que tu veux !

6

Joël la poussa en avant :

– Vas-y, Cathy, c'est à toi !

L'arène était pleine de visiteurs. Pour ce dernier spectacle de la journée, Mel l'avait présentée comme son assistante.

– Tu es prête ? murmura-t-il.

Elle sentait ses jambes trembler et avait la bouche sèche.

– Pourquoi est-ce que j'ai accepté ! gémit-elle.

Poussée légèrement par Joël, elle se retrouva sur la scène, sous les yeux du public. Les spectateurs l'accueillirent par des cris et des applaudissements.

– Cette jeune fille a un don exceptionnel pour communiquer avec les animaux, croyez-moi ! cria Mel dans le haut-parleur.

Cathy balaya la foule du regard. C'était une masse confuse de couleurs vives et de sons. Sur le côté de l'arène, elle reconnut Will Boston, appuyé à la rampe. Il n'y avait plus moyen de reculer à présent. Elle s'élança et fit un beau plongeon dans le bassin. Elle siffla les dauphins ; ils accoururent à son appel, la poussèrent gentiment du nez pour la saluer avant de se mettre sur le dos pour qu'elle leur chatouille le ventre. Ensuite, Tommy lui offrit sa nageoire et ils nagèrent ainsi jusqu'au milieu du bassin.

Cathy se détendit. La foule de spectateurs ne l'impressionnait plus. Tout ce qui comptait à présent, c'est qu'elle se trouvait en compagnie des dauphins et qu'elle était fière d'être leur amie. Elle savait que le tour se passerait bien : Bob et Tommy ne la laisseraient pas tomber.

Elle se retourna vers Bob pour s'assurer qu'il les avait suivis, puis porta le sifflet à ses lèvres et donna un bref signal, attendant que les dauphins se mettent en position. Alors, elle les saisit par les nageoires et attendit le départ.
Ils agitèrent leurs queues puissantes, les vagues s'élevèrent autour d'eux et ils s'élancèrent. Cathy se cramponnait fermement à leurs nageoires. Ils filèrent sur toute la longueur du bassin, dans une gerbe d'écume étincelant au soleil. Ce fut un véritable triomphe. Le tour terminé, Mel et Joël la hissèrent sur le bord du bassin.
– C'était formidable ! lui dit Mel.
Cathy se retourna et agita la main en direction du public en poussant un profond soupir de soulagement.
– Je savais que tu pouvais le faire ! s'écria Joël, radieux.
Même Will Boston leva son pouce en signe de victoire.
– C'est grâce à Bob et à Tommy ! dit-elle, encore essoufflée.

Elle était heureuse que ce soit fini et fière de leur exploit en commun. Elle n'oublia pas de récompenser ses nouveaux amis en leur lançant quelques poissons. Elle caressa au passage la tête de Tommy.

– Allons, viens, Bob ! dit Joël d'un ton câlin.

Mais le plus petit des dauphins boudait toujours la nourriture. Le spectacle se poursuivit. À peine était-il fini que Will Boston se précipita vers eux :

– Génial ! Il faut continuer !

Il se tourna vers Cathy :

– Le public t'adore ! Les gens vont se passer le mot, et le nombre d'entrées va doubler ! Avec un peu de chance, Ibis Gardens va résoudre son petit problème financier...

Cathy rougit de plaisir et lui promit de recommencer le lendemain.

– Si toutefois Bob est en forme, les coupa Mel. Je m'inquiète à son sujet. Il ne mange pas suffisamment, et il dépérit.

Will Boston haussa les épaules :

– Arrête de te faire du souci pour rien. S'il était malade, il refuserait de faire le spectacle.
L'entraîneur soupira en hochant la tête :
– Je ne le crois pas. Bob aime faire plaisir, et c'est pour ça qu'il continue même s'il ne se sent pas bien.
Mais son patron ne voulait rien entendre :
– N'y pense plus ! Je veux que cette gamine continue son tour, compris ?
Mel refusait de s'avouer vaincu.
– Écoute, Will, pourquoi ne pas donner à Bob deux jours de repos ? Il en a besoin.
– Pas question ! Tu ne veux quand même pas que je déçoive des milliers de gens ?
Il étendit les mains d'un geste théâtral, les paumes tournées vers le ciel :
– Que puis-je faire ? Ils viennent ici pour voir des dauphins, et ils verront des dauphins !
Il tourna les talons et partit en marmonnant dans ses moustaches :
– Pour qui il se prend, ce type ? Venir me dire que des poissons ont besoin d'un congé !

– Bob n'est pas un poisson ! protesta Cathy.
– Il le sait bien, dit Mel en secouant la tête, mais il ne peut penser qu'en termes d'argent. C'est toujours la même chose ! Venez, sortons d'ici ! Que diriez-vous si je vous emmenais manger une glace aux Springs ? Nous avons tous besoin d'une pause, et j'ai juste le temps de vous ramener jusqu'à Ibis Gardens avant le coucher du soleil.
– Ça, c'est une excellente idée !
La perspective de déguster une glace en regardant le coucher du soleil sur la mer et, peut-être, d'apercevoir des dauphins sauvages n'était pas pour déplaire à Cathy, loin de là !

7

Le soleil était bas dans le ciel et ses derniers rayons éclairaient d'une lumière rose les maisons blanches de Dixie Springs tandis que Cathy, Joël et Mel se promenaient sur la jetée en mangeant leurs glaces. Ils guettaient l'apparition de dauphins au large ; en vain. Devant la déception des enfants, Mel leur proposa de faire un petit tour de la baie en bateau avant que le soleil ne disparaisse totalement. Il se dirigea vers un pêcheur occupé à bricoler sur son bateau et lui demanda s'il pouvait emmener Cathy et Joël.

– Vous allez voir, Steve Peratinos va vous montrer les meilleurs endroits, leur dit-il alors qu'ils montaient à bord. Il tient un journal. Demandez à le voir. Moi, je vous attends ici ; j'ai quelques courses à faire.

Le bateau largua les amarres et, décrivant une large courbe sur l'eau calme, s'éloigna de la côte en direction du soleil couchant. Le pêcheur tenait fermement le gouvernail de ses grosses mains calleuses. Il portait une casquette de toile décolorée par le soleil, et son visage était ridé par des années de vie en plein air.

– De quel journal Mel a-t-il parlé ? demanda Cathy, intriguée.

– C'est un journal de bord, un cahier dans lequel je note mes rencontres avec les dauphins : leur nombre, ce qu'ils font, où ils vont… Ce genre de choses, quoi. Nous avons créé un groupe de surveillance des dauphins l'année dernière.

– Qui ça, « nous » ? demanda Joël.

– Des gars qui pêchent aux alentours. Et aussi des garde-côtes, ainsi qu'un groupe de scientifiques d'Orlando... enfin, vous voyez.

La voix grave et râpeuse de Steve changea soudain de registre :

– La meilleure période pour les apercevoir, c'est au printemps, au moment où les mères font leurs petits !

– Alors, nous avons manqué ça ! soupira Joël.

– Regardez, là-bas ! s'exclama Cathy en indiquant un point près du rivage.

Elle venait de repérer des dauphins. Steve ralentit.

– Oui, vous avez manqué ça, reprit-il, mais les petits sont toujours là. Et on dirait bien que vous avez eu la chance de tomber dessus, ajouta-t-il en pointant son doigt vers l'eau.

Deux dauphins venaient de faire surface : une mère avec son petit. Ils observèrent la façon dont le petit nageait dans le sillage de sa mère, se facilitant ainsi la tâche. Soudain, d'autres dauphins apparurent. Ils passaient et repassaient devant le bateau, jouant dans l'écume des vagues.

– Quel âge a le petit ? demanda Cathy.
– Quatre mois, peut-être cinq.
– Il est déjà grand !
Le dauphin était presque aussi long que sa mère, mais beaucoup plus fin.
– Combien de temps restent-ils ensemble ?
– Le petit gars reste à côté de sa mère jusqu'à l'âge de six mois. Puis il la quitte de temps en temps pour attraper quelques poissons. Mais il ne sera vraiment sevré qu'à dix-huit mois. Jusque-là, il continue à se nourrir de lait.
– Sous l'eau ? demanda Cathy, incrédule.
Steve se mit à rire :
– La nature est bien faite ! La maman a une sorte de poche dans le ventre : quand elle veut nourrir son bébé, elle sort son mamelon. Quant au petit, sa langue forme un tube quand il la presse contre son palais. Lorsqu'il pose sa bouche sur le mamelon, le lait s'écoule dans le tube, et le tour est joué !
Tout à leur conversation, Steve et Cathy n'avaient pas prêté attention à Joël, qui se penchait dangereusement par-dessus le

bastingage pour mieux admirer les acrobaties des dauphins.

– Attention ! cria Steve en le voyant perdre l'équilibre.

Joël tenta de se rattraper, mais il glissa sur le pont humide. Une seconde plus tard, il avait disparu. Steve coupa aussitôt le moteur pendant que Cathy scrutait les flots. Il y eut un bouillonnement d'écume en surface, mais aucun signe de Joël.

– Il a coulé ! s'affola-t-elle.

Subitement, trois dauphins abandonnèrent leurs jeux et disparurent sous l'eau. Quatre ou cinq autres continuaient à nager tranquillement autour du bateau. Ce fut comme si le temps s'était arrêté. Cathy ne pouvait détacher ses yeux du bouillonnement d'écume, abasourdie par ce qui venait d'arriver. Steve détacha rapidement la bouée de sauvetage et la jeta dans l'eau.

– Est-ce qu'il s'est heurté la tête ? demanda-t-il.

– Je ne sais pas. C'est arrivé si vite !

Elle enlevait ses chaussures, prête à se jeter

à la mer, lorsque Steve la retint par le bras :
– Regarde !
Là, dans l'eau bleue, des silhouettes longilignes remontaient des profondeurs et se rapprochaient de plus en plus de la surface. Cathy pouvait maintenant distinguer de larges queues, de longs nez : c'était trois jeunes dauphins qui entraînaient une forme pâle dans leur sillage. Ils ramenaient Joël ! Une fois à l'air libre, les trois dauphins le soutinrent, et Cathy le vit inspirer goulûment. Elle sauta par-dessus bord, attrapa la bouée de sauvetage et se mit à nager dans leur direction.
– Attrape ça ! cria-t-elle à Joël, encore un peu étourdi.
Bien que très faible, il réussit à passer son torse dans la bouée. Il se laissa tomber en arrière en respirant profondément. Cathy le remorqua jusqu'au bateau. Leur mission de sauvetage accomplie, les dauphins s'étaient éloignés, suivis par les compagnons qui étaient restés près du bateau. Cathy les regarda longuement, les remerciant en silence.

Quand ils eurent disparu au loin, elle se tourna vers Joël :
– Tu ne peux pas faire attention ? Tu m'as fait une de ces peurs ! J'ai cru que tu t'étais noyé !
– J'ai dû tomber dans les pommes. Je ne me rappelle plus rien.
– Tu as eu de la chance que les dauphins aient compris aussi vite que tu avais des ennuis, lui dit Steve.
Joël, les jambes tremblantes, s'effondra sur le pont. Tous trois se mirent à contempler la mer en silence, pensant au danger auquel Joël avait échappé et à la façon dont les jeunes dauphins lui avaient sauvé la vie.

8

– La chose qui m'a le plus étonnée, disait Cathy à Laurence au téléphone, c'est qu'il s'agissait de dauphins complètement sauvages. Ils ne devaient rien savoir des hommes, et pourtant ils se sont immédiatement rendu compte que Joël était en danger. Comment expliques-tu ça ?

De retour à Ibis Gardens, Mel avait tenu à ce qu'ils appellent le grand-père de Joël et Laurence pour leur raconter leur mésaventure.

– Ce sont vraiment les plus merveilleuses

créatures que je connaisse ! s'exclama Laurence. C'est comme s'ils possédaient un sixième sens… Cela dit, il faut que Joël soit plus prudent la prochaine fois.

– Compte sur moi pour le lui rappeler !

– Peux-tu me passer Mel ? J'aimerais lui parler de quelque chose.

La curiosité de Cathy était éveillée. Elle tendit l'oreille dans l'espoir de saisir des bribes de la conversation de Mel et Laurence.

– … S'il te plaît, essaie de passer demain matin, disait Mel. Je n'aime pas ça… Non, notre vétérinaire est encore en vacances. Pourras-tu venir ?

« Accepte ! », supplia Cathy intérieurement. Elle aussi s'inquiétait beaucoup pour la santé de Bob.

– Tu connais mon patron, poursuivit Mel. Il ne veut pas « gaspiller » d'argent, alors il achète du poisson bon marché pour nourrir les dauphins. Du coup, ce n'est pas étonnant que Bob refuse de s'alimenter. Et, de plus, Boston refuse que les dauphins se reposent

une journée ou deux, sous prétexte de problèmes financiers.
Cathy plissa le front.
– Comment est-ce possible ? murmura-t-elle. Il y a toujours un monde fou aux spectacles !
Elle se fit encore plus attentive à ce que disait Mel au téléphone.
– Boston est si radin… Je n'arrête pas de lui dire qu'il doit dépenser plus pour la nourriture. Je suis sûr que nous avons perdu la mère de Bob et Tommy à cause de ces poissons à moitié pourris qu'on lui donnait. Bien entendu, il ne veut rien entendre…
Joël et Cathy échangèrent un regard horrifié. Et si la même chose arrivait à Bob ?
– Nous pourrions peut-être persuader M. Boston de faire un effort ? murmura le jeune garçon.
Cathy en doutait. Il y avait peu de chances de convaincre un tel personnage !
– Nous allons devoir agir dans son dos, déclara-t-elle, espérant que Mel serait d'accord.

– Que voulez-vous dire ? Vous ne pouvez rien faire pour lui ? hurlait Will Boston, s'adressant à Laurence Young.
La jeune vétérinaire était venue directement à Ibis Gardens ce lundi pour être là dès l'aube. Elle se tenait maintenant au bord du bassin d'entraînement des dauphins, face à un Will Boston furieux. Cathy venait tout juste d'arriver.
Laurence ne perdait pas son sang-froid. Elle restait debout, les bras croisés, attendant que le propriétaire du parc d'attractions se soit calmé pour parler à son tour.
– Bob a beaucoup de fièvre, dit-elle. Il est lent, amorphe, et n'a pas eu d'appétit ces derniers jours. Ça ne fait aucun doute : il est malade.
Elle regarda Mel d'un air d'excuse. Celui-ci se tenait près d'elle, une expression d'inquiétude sur le visage.
– Alors, qu'est-ce qu'il a ? demanda Boston.
– Je ne suis pas une spécialiste des dauphins. Vous avez besoin de l'avis d'un expert.
– Et mon vétérinaire qui est en vacances !

Je n'ai pas d'argent pour faire venir quelqu'un spécialement pour Bob... Dites-moi simplement ce que ça peut être.

– Je ne sais pas... Un virus... ou bien une réaction à la nourriture qu'on lui donne.

Elle haussa les épaules, l'air ennuyé, et se tourna vers Mel :

– Quel âge a-t-il ?

– Cinq ans et demi, presque six. C'est très jeune pour un dauphin. Ils peuvent vivre jusqu'à quarante ans.

– Écoutez, je pense vraiment qu'il faudrait que vous consultiez un expert, reprit Laurence. J'en connais un, mais il est très sollicité. Il ne pourra peut-être pas venir avant quelques jours. Je vais lui téléphoner.

La mine du patron s'allongea :

– Quelques jours ! Et on fait quoi pendant tout ce temps ? On ferme boutique ?

Elle approuva d'un signe de tête.

– Il n'en est pas question ! s'écria-t-il. Ce serait un désastre si l'on devait annuler le spectacle. Tout le monde ici paie son billet pour voir Bob et Tommy !

– Ça suffit ! s'exclama Laurence, qui avait perdu patience. Je vous dis que vous avez un animal malade, et je pense même que c'est grave ! Alors vous feriez mieux de vous montrer un peu plus compréhensif, sinon votre spectacle risque d'être arrêté bien plus que quelques jours !

Cathy se mordit les lèvres. C'était la première fois qu'elle entendait Laurence exprimer son inquiétude au sujet de Bob et elle savait, pour l'avoir déjà souvent vu à l'Arche des animaux, combien l'état d'un animal malade pouvait empirer du jour au lendemain. Elle sentit l'émotion lui serrer la gorge. Même Will Boston resta sans voix.

– Faites venir Matt Greenaway d'Orlando, ajouta la jeune femme. Il vous donnera un diagnostic sûr. En attendant, vous devriez isoler ce dauphin, au cas où il serait contagieux.

Elle s'excusa auprès de Mel de ne pouvoir faire davantage. Quant à Will Boston, il avait retrouvé ses esprits… et sa voix !

– Il est hors de question de mettre ce

dauphin en quarantaine ! hurla-t-il. Je vous connais, vous les gens à dauphins ! Au moindre petit rhume, vous croyez qu'ils vont y passer ! Vous les gâtez et vous les dorlotez comme si rien d'autre ne comptait ! Eh bien, moi, j'ai tout un parc d'attractions à faire marcher, et ce n'est pas facile. Alors on ne fait rien, on n'annule pas le spectacle, on attend simplement de voir comment les choses évoluent !

Cathy en avait assez entendu. Sans même prendre le temps de dire au revoir à Laurence, elle alla tout droit vers le delphinarium pour voir comment allaient Bob et Tommy. Ils nageaient doucement à l'extrémité du bassin, mais ne montèrent pas en surface pour la saluer comme ils en avaient l'habitude. Elle s'agenouilla alors sur le bord et frappa l'eau du plat de la main.

Tommy s'approcha lentement, et se laissa caresser. Mais il n'y avait ni vivacité, ni espièglerie en lui ce matin. Très vite, il se détourna et plongea au fond de l'eau pour aller retrouver Bob. Cathy soupira.

– Qu'est-ce qui ne va pas ? murmura-t-elle en scrutant les profondeurs du bassin.

Seul le petit pas pressé des pieds palmés de Mitch vint rompre le silence. La loutre de mer était sortie de sa cage et se précipitait vers elle, suivie de Mel.

– Que veux-tu ? demanda Cathy en souriant à la petite loutre.

Mitch, qui était apprivoisée, grimpa sur ses genoux sans hésiter.

– Elle veut jouer, dit Mel. Et j'aimerais pouvoir en dire autant de Bob !

Le dauphin malade monta lentement à la surface pour respirer. Il soufflait faiblement et les regarda, les yeux vagues, à moitié fermés. Puis il se détourna lourdement pour plonger de nouveau au fond du bassin.

– Moi aussi ! soupira Cathy.

Jamais de toute sa vie elle n'avait souhaité quelque chose aussi fort.

9

Avant de partir, Laurence avait fait une piqûre d'antibiotiques à Bob. Elle avait finalement obtenu que le dauphin malade soit mis en quarantaine. Mel avait donc décidé de garder Bob dans le bassin d'entraînement, plus petit, et de faire passer Tommy dans le bassin principal, réservé aux spectacles.

– Ils ne vont pas se sentir seuls? avait remarqué Cathy. Ils ont toujours été ensemble, je suis sûre qu'ils vont être malheureux.

– Peut-être, mais que pouvons-nous y

faire ? avait répondu Laurence. Si nous ne voulons pas que Tommy tombe malade à son tour, c'est la seule solution…

– Regardez ! Il refuse d'y aller !
Cathy observait l'entraîneur qui essayait de guider Tommy vers le tunnel sous-marin qui reliait les deux bassins. Le dauphin commençait par remonter lentement vers l'entrée du tunnel puis, d'un léger mouvement de queue, il se détournait et repartait en direction de Bob.
– Je suis désolé d'insister, lui dit Mel d'une voix ferme, mais la vétérinaire a dit qu'il fallait te séparer de lui ! C'est pour ton bien, tu comprends !
Il fit un nouvel essai. Cette fois encore, Tommy nagea en direction de l'étroite entrée, puis obliqua pour remonter à la surface, se retourna et se laissa glisser sur le dos pour rejoindre Bob.
Les larmes aux yeux, Cathy regardait Tommy qui refusait de quitter son compagnon. Le pauvre Bob ne bougeait presque

plus de l'angle le plus reculé du bassin, mais il lui sembla qu'il saluait son frère en le poussant du nez chaque fois que celui-ci revenait à ses côtés.

– Tu ne crois pas qu'ils savent mieux que nous ce qui leur convient ? demanda Cathy. Laurence a pu se tromper, Bob n'est peut-être pas contagieux...

Mel secoua la tête, perplexe :

– Je ne peux pas prendre ce risque.

On voyait bien que la tâche lui déplaisait également.

– Tu ferais mieux de sauter dans le bassin pour m'aider. À nous deux, nous avons peut-être une chance d'y arriver.

Cathy plongea à regret et fit quelques brasses sous l'eau pour venir se placer contre le flanc de Bob. Elle l'entoura de son bras et lui caressa le nez. Il agita faiblement la queue et appuya sa tête contre elle. Un peu plus loin, Tommy évoluait doucement, surveillant chaque mouvement de Bob. Cathy avait besoin d'air, elle remonta à la surface.

– Tommy ne veut vraiment pas y aller, fit-elle pour plaider la cause du dauphin. C'est comme s'il avait l'impression de faire quelque chose de mal !

Mel se prépara à plonger à son tour :

– Je sais. Mais nous ne pouvons pas ignorer ce qu'a dit Laurence. Nous allons plonger tous les deux et nager autour de Tommy, d'accord ? Nous l'attraperons chacun par une nageoire pour lui montrer que c'est sérieux. C'est vrai qu'il est assez fort pour nous envoyer promener s'il le désire, mais il a suffisamment confiance en nous pour nous laisser faire. Nous le guiderons alors vers le tunnel. Une fois qu'il s'y sera engagé, nous refermerons la porte derrière lui. Tu me suis ?

Elle acquiesça et prit une grande respiration.

– C'est bon ! Allons-y !

Mel disparut sous la surface, et Cathy l'imita. Selon leur plan, ils attrapèrent les nageoires de Tommy et commencèrent à l'éloigner de Bob. Pendant quelques secondes, Cathy crut qu'il allait résister.

Mais bien qu'il tournât fréquemment la tête du côté de son compagnon, il se laissa faire.
– Je n'aurais pas pu y arriver sans toi ! Merci, Cathy ! lui dit Mel lorsque le dauphin se trouva dans le grand bassin.
– Pourtant je m'en veux de t'avoir aidé à les séparer. Ils ont l'air tellement malheureux...
Elle se rappelait le dernier regard que Tommy avait lancé à Bob. C'était comme s'il savait qu'il ne le reverrait plus.
Mel se leva :
– Je reviens, je dois prévenir le patron. Il faut aussi que je rappelle Matt Greenaway. Nous avons besoin de lui dès que possible !
– D'accord ! Je t'attends là !
Il s'en alla, et Cathy se retrouva seule au bord du bassin d'entraînement, dans l'ombre du grand mur qui maintenait l'endroit à l'abri des regards. Elle pouvait entendre le brouhaha des visiteurs. Ils se précipitaient pour voir les éléphants dans leur enclos et poussaient des cris de surprise en apercevant quelques rares gorilles dans un paysage montagneux. Cathy entendit le

vrombissement du télésiège qui transportait les gens sur les hauteurs pour leur donner une vue d'ensemble du parc. Hors du delphinarium, la vie suivait son cours.
Cathy soupira tristement et s'accroupit sur le bord pour voir ce que faisait le pauvre Bob. Il nageait en cercle, comme s'il cherchait Tommy. En apercevant Cathy, il agita la queue et monta à la surface.
– Bonjour ! lui dit-elle en étendant la main pour le caresser.
Il réagit à peine et se contenta de rester près d'elle, tentant toujours d'apercevoir son compagnon disparu. Il regarda Cathy, la tête penchée de côté, comme pour lui demander ce qu'ils avaient fait de lui.
Elle lui parla gentiment :
– Il va bien ; il est en sécurité dans le grand bassin. Nous avons dû le mettre à l'écart parce que tu es malade, mais ce ne sera pas long.
Elle sentit son cœur se serrer en voyant le dauphin se tourner d'un côté et de l'autre en émettant une série de petits cris aigus, puis

lever à nouveau le regard vers elle, l'air implorant. Il était si faible qu'il pouvait à peine bouger pour se maintenir à la surface. Et bien qu'il cherchât à remonter, le poids de son corps l'entraînait sous l'eau.

Cathy était de plus en plus inquiète. Bob venait respirer, puis coulait de nouveau. Il semblait incapable de se servir de ses nageoires pour garder son équilibre. À un moment, il essaya en vain de remonter en agitant sa large queue d'un mouvement désespéré.

Cathy se releva et regarda autour d'elle. Bob avait besoin d'aide, c'était certain, et immédiatement.

– Mel ! s'écria-t-elle, affolée.

Elle entendit quelqu'un arriver et crut que c'était l'entraîneur.

– Vite !

Mais ce n'était que Joël. Il accourut.

– Je viens juste de voir Mel dans le bureau. Il parlait avec Will Boston. Que se passe-t-il ?

– Oh, Joël ! C'est Bob. Je crois qu'il est en

train de mourir ! Il faut que Matt Greenaway arrive tout de suite !
– Il a besoin d'air.
Joël ne perdit pas de temps. Il se jeta à l'eau et essaya de maintenir le corps de Bob en surface pour lui permettre de respirer.
– Cours chercher Mel ! lui cria-t-il.
Mais Cathy n'arrivait pas à partir :
– Joël, je sens qu'il nous dit adieu !
Bob remuait doucement la tête en haletant et en se renversant dans l'eau. Joël eut beau faire des efforts, il ne pouvait pas le soutenir plus longtemps. À présent, le dauphin se laissait aller. Il ne faisait plus un seul mouvement. Ses yeux se fermèrent pour la dernière fois.

10

Mel envoya un message à Matt Greenaway pour lui dire qu'il était trop tard. Bob était mort.

– Je refuse d'y croire, murmura Cathy à Joël. Bob était tellement amical, tellement plein de vie !

Elle était abasourdie. Joël resta avec elle au bord du bassin, tandis qu'on venait repêcher le corps du dauphin.

Elle renifla :

– C'est terrible de penser combien il a dû souffrir !

– N’y pense pas, Cathy. C’est déjà assez pénible.
Joël s’éloigna, la tête basse, incapable d’en dire plus. Elle aussi baissa la tête et laissa couler ses larmes. Laurence, qui était revenue de toute urgence en apprenant la nouvelle, la prit dans ses bras.
– Je sais que c’est dur, chuchota-t-elle. J’aimerais rester avec toi, mais il y a encore du travail à faire. Je dois envoyer les prélèvements au laboratoire d’Orlando pour qu’ils puissent faire les tests. Peut-être trouveront-ils un virus ? L’important est de s’assurer maintenant que Tommy reste en bonne santé.

Le lendemain matin, ils se levèrent tôt. Chacun essayait de retrouver ses esprits après le choc de la veille. Seul Will Boston ne semblait pas affecté par la mort de Bob.
– Il n’y a qu’à continuer le spectacle avec un seul dauphin, déclara-t-il. Après tout, ça changera de la routine, non ?
Stupéfaite, Cathy regardait le propriétaire

du parc. Comment, moins de vingt-quatre heures après la mort de Bob, pouvait-il parler ainsi? Elle se rendit compte que Tommy savait lui aussi que quelque chose de grave s'était passé. Il n'avait pas cessé de nager tout près de la surface, comme s'il appelait son compagnon et attendait sa réponse.

Mel, debout près du bassin, secoua tristement la tête:

– Je ne peux pas lui faire ça!

– Et pourquoi pas? Vous savez ce qu'on dit en pareil cas? Le spectacle continue! J'essaierai de trouver un autre couple de dauphins. Mais il vous faudra les entraîner, ce qui demandera plusieurs semaines. Alors, en attendant, on se contentera d'un solo avec Tommy!

Ne supportant plus de l'entendre, Cathy s'approcha de Tommy pour lui tenir compagnie et pour essayer de le consoler. Les deux hommes continuaient à discuter.

– Le problème est que Tommy est très affecté par la disparition de Bob… Vous ne pouvez pas agir comme si rien ne s'était passé ! insista Mel. Les dauphins ne sont pas des machines. Ce sont des êtres complexes, dotés d'une grande intelligence et de sentiments profonds !

Tout en disant ce qu'il avait sur le cœur, il fixait son patron droit dans les yeux. Boston haussa les épaules :

– Peut-être ! Mais n'oubliez pas que ce sont eux qui vous font vivre et qui vous assurent votre salaire ! Et le mien ! Et celui de chacun ici ! Le spectacle des dauphins, c'est ce qui fait marcher le parc !

Cathy caressa la tête de Tommy et proposa à Joël d'aller le rejoindre dans le bassin. Tous deux se glissèrent dans l'eau pour nager avec le dauphin.

Mel, l'air résolu, tenait tête à son patron. Il était rouge de colère et sa voix monta d'un cran :

– Ce dauphin n'est pas prêt pour le spectacle, vous comprenez ? Combien de fois dois-je vous le répéter ? Il vient tout juste de perdre le compagnon de toute une vie, et il ne comprend pas ce qui s'est passé. Il a de la peine, il se sent seul, et je refuse de l'obliger à faire le clown !

Will Boston plissa les yeux et fit un pas en arrière avant de répondre :

– Vous voulez me faire croire qu'un dauphin pense comme une personne !

Il sourit, méprisant, et s'approcha du bassin pour regarder Cathy et Joël qui continuaient de nager avec Tommy.

– Alors, comme ça, il peut vous parler et vous raconter ce qu'il ressent, c'est cela ?

Cathy ne put s'empêcher de lui répondre :

– Il n'en a pas besoin. Il suffit de voir ses yeux.

– Et, depuis hier, il ne mange pas son poisson, vous voyez, ajouta Joël, et il ne veut pas jouer. D'habitude, il s'amuse comme un petit fou.

Will Boston sursauta :

– Il n'a plus d'appétit ? Ne me dites pas qu'il est malade, lui aussi !

– Il a besoin de poissons d'une meilleure qualité, répondit Mel. J'en ai déjà commandé chez le marchand.

M. Boston serra les dents mais, pour une fois, il se contint. Il grommela :

– Il n'aurait pas attrapé par hasard cette fièvre, je veux dire celle que l'autre a eue ?

Mel le rassura :

– Non. Sa température est normale. Quoi qu'ait eu Bob, Tommy ne l'a pas encore attrapé. Mais il a besoin d'un meilleur régime alimentaire pour reprendre des forces, surtout à présent que son compagnon n'est plus là.

M. Boston se leva et regarda sa montre.

– Vous n'avez qu'à lui changer les idées en le remettant au travail, dit-il brusquement. Quand pensez-vous qu'il sera prêt ?

Cathy comprit qu'ils avaient parlé en vain. Elle passa son bras autour du corps de Tommy et lui caressa le nez. Mel, incapable de répondre, se mordit la lèvre en soupirant.

– Disons que vous avez jusqu'à vendredi, dit Will Boston. Et apprenez-lui de nouveaux tours. Ah, j'allais oublier, gardez la gamine avec vous !

Sur ces mots, il se dirigea vers la porte et partit sans se retourner.

– Et si la gamine décidait de ne pas rester? murmura Cathy, furieuse.
La porte claqua violemment. Le dauphin plongea d'un coup de queue et disparut.
– Et si c'était le dauphin qui refusait? dit Joël entre ses dents.

11

– Tommy fait la grève ! annonça Cathy à Jerry Logan, qui descendait de la voiture.

Le grand-père de Joël venait d'arriver à Ibis Gardens. On était mercredi matin, et il devenait de plus en plus évident que le dauphin survivant était très malheureux. Il restait tapi au fond du bassin et ne jouait plus du tout. Il ne montait à la surface que pour respirer.

– Il faut se mettre à sa place, intervint Jerry. Il avait déjà perdu sa mère et, à présent, c'est son frère qui disparaît…

Il se tourna vers Steve Peratinos, que l'on avait fait venir pour lui demander conseil. Jerry et Steve étaient de vieux amis. Tous deux avaient passé leur vie à Blue Bayous à s'occuper de la protection de la nature: ils étaient d'ardents défenseurs de la liberté des animaux.

Ils se tenaient debout au bord du bassin, l'air sérieux et préoccupé, tout en observant le dauphin solitaire.

– Voyez-vous quoi que ce soit qui puisse l'aider? leur demanda Mel, qui cherchait par tous les moyens à remonter le moral à Tommy. Il faut absolument qu'il réagisse, sinon j'aurai le patron sur le dos. Mais Tommy ne veut rien savoir!

Steve haussa les épaules.

– La seule chose qui peut aider ce p'tit gars, c'est que le temps passe, murmura-t-il.

– Du temps, c'est justement ce que nous n'avons pas. Will Boston m'a donné jusqu'à la fin de la semaine.

Cathy avait remarqué les affiches à l'entrée du parc: « Spectacle de dauphin quatre fois par jour. Reprise vendredi ».

– La fin de la semaine! s'exclama Steve. J'ai vu un dauphin mettre des semaines pour surmonter une épreuve semblable ! Et c'était en plein océan, où il avait tout un groupe de copains qui le soutenaient.
– Quelle épreuve? demanda Cathy.
– C'était un jeune dauphin qui avait perdu sa mère, disons dans un accident : elle s'était fait prendre dans un filet à thons.
– Je croyais que c'était illégal, d'en poser?
– Ça l'est ! Mais les grandes compagnies de pêche se considèrent au-dessus de la loi... Pour en revenir à Tommy, je vous le répète, il est encore trop tôt, c'est tout. Il a simplement besoin de temps !

Les hommes partirent en laissant les enfants seuls avec le dauphin.
– Oh, Tommy, que pouvons-nous faire? soupira Cathy.
– J'ai une idée, dit Joël, qui fourrageait dans la boîte de poissons.
– Qu'est-ce que tu fais là?
Elle sursauta en apercevant la petite Mitch

qui arrivait en trottinant vers eux.
– Qui l'a laissée sortir ?
Les pieds palmés de la petite loutre de mer claquèrent sur les carreaux humides et sa large queue frappa le sol. Elle avait senti le poisson.
– C'est moi, dit Joël en souriant. J'ai l'impression que si quelqu'un ici peut aider Tommy, c'est Mitch !
La loutre de mer happa le poisson que Joël lui avait tendu et n'en fit qu'une bouchée, puis elle plongea dans le bassin. Elle nagea jusqu'à son extrémité, émergea de l'eau d'un bond, jeta un coup d'œil en coin à Tommy, puis plongea à nouveau. À présent, sa silhouette sombre au profil allongé se devinait près de la tête du dauphin. On aurait dit que le petit animal invitait le dauphin à jouer. Tommy laissa Mitch s'approcher, puis se détourna et parcourut lentement toute la longueur du bassin.
Mitch reparut brusquement en surface, sa grosse tête et sa moustache dégoulinantes d'eau, ses gros yeux ahuris. Elle disparut de

nouveau, rejoignit Tommy et se glissa sous lui en se tortillant.

Cathy et Joël observaient les deux formes sinueuses, l'une petite et sombre, l'autre indistincte et très massive. Mais voyant que Tommy ignorait les tentatives de la petite loutre, ils sentirent leur cœur se serrer.

– Allons, Tommy, va jouer avec Mitch ! murmura Cathy.

Joël, la tête basse, fronçait les sourcils, désappointé de voir que son plan avait échoué. La loutre s'approcha du bord.

– Si Mitch n'a pas réussi à l'aider, alors il n'y a rien à faire ! dit-il en prenant le petit animal dans ses bras.

– Tu sais ce qui me fait peur ? Que Tommy se laisse mourir ! Il est tellement triste et n'a plus aucun intérêt pour ce qui se passe autour de lui : il refuse de manger, et il ne répond même plus aux coups de sifflet de Mel.

– Et alors ? Ça ne veut pas dire qu'il va mourir !

– Si, on peut mourir de chagrin, déclara Cathy d'une voix grave.

Joël évita son regard :
– Mais alors, qu'est-ce qu'on peut faire ?
Mitch se tortillait et gigotait sur son épaule. Il se dirigea vers la cage de la loutre, Cathy sur les talons.
– Je n'en sais rien ! Peut-être que nous devrions remettre Tommy dans l'océan pour qu'il retrouve ses congénères ? Ils pourront lui venir en aide comme ils l'ont fait pour le dauphin orphelin dont a parlé Steve…
– Le remettre dans l'océan ? Tu es devenue complètement folle ! Comment veux-tu faire passer un énorme dauphin d'un parc d'attractions en plein golfe du Mexique ?
– Je ne sais pas comment ! Mais je me dis que ça pourrait marcher.
Joël la regarda droit dans les yeux :
– En clair, tu veux que Mel demande à M. Boston s'il veut bien se débarrasser de Tommy ?
– Eh bien oui ! Pourquoi pas ?
– Est-ce que tu sais combien vaut ce dauphin ?
– Non, mais quelle que soit la valeur de

Tommy, on ne peut pas le laisser enfermé ici en train de se morfondre et de mourir de chagrin !

– Ce dauphin représente une énorme somme d'argent. Will Boston n'arrête pas de répéter qu'Ibis Gardens a des problèmes financiers, alors il ne va sûrement pas laisser partir sa vedette principale !

Cathy hésita. Elle se rendait bien compte que Joël avait raison.

– Et si nous trouvions quelqu'un qui serait prêt à racheter Tommy pour le remettre ensuite en liberté ? Boston ne pourra pas refuser de le vendre.

– Mais qui voudrait faire ça ?

– Je ne sais pas. Peut-être que Laurence pourrait en parler au Centre de secours…

– Tu rêves ! Ils n'ont pas assez d'argent pour soigner les oiseaux et les animaux dont ils s'occupent. Ils travaillent déjà tous bénévolement !

– Bon… Eh bien, peut-être Steve Peratinos…

– Tu n'oublies pas quelque chose ? l'interrompit Joël.

– Quoi ?
– À supposer que nous puissions réunir l'argent, nous devons d'abord recevoir l'accord de Mel. Est-ce que tu te rends compte qu'il travaille avec Tommy depuis que celui-ci est né ! Il vient déjà de perdre Bob, pense à ce qu'il ressentirait s'il devait aussi se séparer de Tommy !
– Je sais, ce serait terrible pour lui. Mais ce serait encore pire si Tommy restait ici à dépérir !
– Qui dépérit ? s'enquit Mel.
Après avoir raccompagné Steve Peratinos et Jerry Logan, il s'était hâté de retourner au delphinarium et avait surpris la conversation de Cathy et Joël.
– Vous parlez de Tommy, n'est-ce pas ? Comment va-t-il ?
– Pas bien, dit tristement Joël.
Il lui raconta l'échec de sa tentative de distraire le dauphin avec l'aide de Mitch. Mel l'écouta en silence.
– Je vois… Et vous étiez en train de vous dire que la seule solution, c'est de sortir

Tommy d'ici, dit-il d'une voix calme.
– Toi aussi, tu le penses ? demanda Cathy, pleine d'espoir.
Mel fit un signe d'assentiment :
– Ce désastre final est, en ce qui me concerne, la goutte d'eau qui fait déborder le vase. Après tout, quelle vie va-t-il mener ici maintenant que Bob n'est plus là ? J'avais déjà réfléchi à ce sujet à la mort de leur mère, l'année dernière. Quel droit avons-nous de priver ces dauphins de liberté ? Même s'ils représentent une grande part de ma vie, je pense qu'il est temps que les choses changent…
– Alors, maintenant, que faisons-nous ? lança Joël.
L'entraîneur se redressa d'un bond :
– Nous allons voir le patron !
– Et s'il refuse ? s'inquiéta Joël.
– Il a intérêt d'accepter ! lança Mel en se dirigeant vers le bureau d'un pas décidé.
– Pas question, vous m'entendez ! Vous avez vu les affiches ? On recommence vendredi ! hurla Will Boston en refermant violemment le tiroir de son bureau.

Cathy sentait que Mel se retenait d'exploser à son tour.

– Nous ne pouvons pas reprendre le spectacle, à moins que le dauphin lui-même ne le veuille, dit-il.

– Qu'est-ce que vous racontez ? Vous croyez que je vais accepter les caprices d'un animal ? C'est un dauphin, rappelez-vous, pas une vedette de cinéma !

Cathy vit frissonner la moustache de Will Boston ; il n'y avait aucune chance qu'il accepte de rendre sa liberté à Tommy.

– Mettons les choses au clair : nous reprenons le spectacle vendredi avec Tommy en solo. Parallèlement, vous préparerez le nouveau spectacle : je viens d'acheter deux dauphins, qui arriveront demain matin. Ils sont âgés de quinze mois et…

– Ils sont trop jeunes, l'interrompit Mel. Ils ne sont pas encore sevrés. Vous devriez savoir ça !

– Tant pis ! Dès qu'ils seront ici, vous commencerez à les entraîner. Je vous donne deux mois.

Il accompagna sa dernière phrase d'un sourire provocateur. Mel rejeta la tête en arrière. L'espace d'une seconde, Cathy crut qu'il allait frapper son patron. Au lieu de cela, il se dirigea vers la porte. Au moment de franchir le seuil, il se retourna et planta son regard dans celui de Will Boston.

– Ne comptez pas sur moi pour vous aider à gagner de l'argent sur le dos de ces dauphins alors qu'ils devraient rester auprès de leur mère pendant trois mois encore ! Je n'ai plus rien à faire ici, je démissionne, laissa-t-il froidement tomber.

Interloqué, son patron resta bouche bée. Puis la colère l'envahit et il frappa un grand coup sur son bureau. Joël et Cathy détalèrent aussi vite que possible.

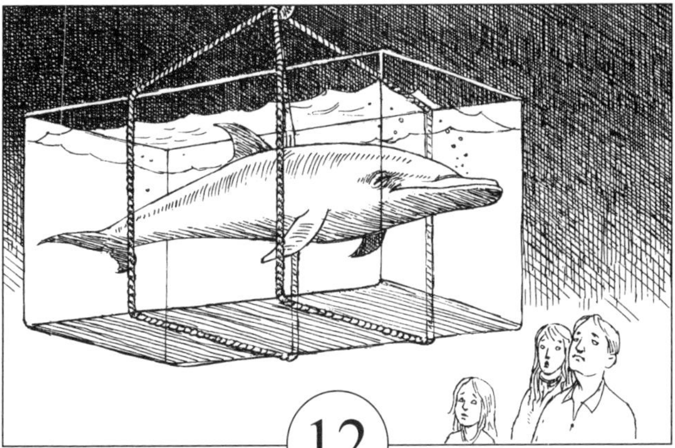

12

Le soir même, le grand-père de Joël avait invité quelques amis à dîner : Laurence Young était là, ainsi que Steve Peratinos et Mel Hartley. Cela faisait seulement quelques heures que Mel avait donné sa démission à Ibis Gardens, et il le regrettait déjà.

– Tu as fait la seule chose possible, lui dit Laurence.

Elle sirotait une boisson fraîche tout en regardant la plage qui s'étendait devant la maison.

– Mais que va devenir Tommy ?

Mel avait quitté le parc sans dire au revoir au dauphin. Joël avait tout juste réussi à le calmer suffisamment pour qu'il puisse conduire jusqu'à la maison de son grand-père et qu'il lui explique ce qui était arrivé. Jerry avait aussitôt organisé ce dîner pour essayer de trouver une solution.

– Ce que nous voulons tous, résuma Cathy, c'est que M. Boston laisse Tommy s'en aller. Nous pensons que c'est sa seule chance de survie.

– Le problème, c'est que je ne vois vraiment pas comment nous pourrions le convaincre…, murmura Steve.

– On ne peut tout de même pas voler un dauphin sous son nez ! s'exclama Jerry Logan.

Cette dernière phrase donna à Cathy une idée, qui ne la quitta pas durant tout le repas. Tandis qu'elle débarrassait la table, elle la tournait et retournait encore dans sa tête.

– Je ne vois pas pourquoi on ne pourrait pas voler un dauphin ! lança-t-elle soudain à Joël.

Celui-ci venait d'apporter une nouvelle pile d'assiettes à mettre dans le lave-vaisselle.
– Oh, non ! Ne me dis pas ça !
Joël avait vu passer dans l'œil de Cathy l'étincelle, et il reconnut dans sa voix le ton entêté qu'il connaissait si bien.
– Viens avec moi. J'ai quelque chose à te dire, ordonna-t-elle.

– … Voler un dauphin ? répéta-t-il, hébété.
– Il nous faut un grand réservoir rempli d'eau de mer et un gros camion pour le transporter.
Cathy l'avait entraîné à la plage. Les vagues montaient avant de s'écraser sur le rivage et de refluer. Le clair de lune faisait luire la surface sombre de la mer.
– … Nous pourrions dire à Will Boston que Tommy est malade… Par exemple, qu'il a attrapé le virus de Bob. Il sera obligé de nous croire, surtout si c'est Laurence qui lui annonce la nouvelle. Elle pourrait lui dire que Tommy doit être soigné dans une clinique.
– À Orlando ?

Joël se rappelait que Matt Greenaway, l'expert en dauphins, travaillait là. Il secoua la tête une fois encore, dubitatif, tout en marchant pieds nus sur le sable de la plage.

– Apprenant que Tommy a besoin d'un traitement urgent, continua Cathy, Boston sera obligé de laisser entrer à Ibis Gardens le camion qui devra le transporter. Seulement, ce ne sera pas le camion de Matt Greenaway, ce sera le nôtre !

– Et nous l'emmènerons à Dixie Springs ?

– … Pour le remettre à Steve et à son groupe de surveillance des dauphins, termina Cathy triomphalement.

Elle était si excitée par son idée qu'elle eut du mal à se contenir pour ne pas courir la raconter aux adultes.

– Nous descendrons le réservoir jusqu'au port, et là, nous relâcherons Tommy ! Il rejoindra le large, et les autres dauphins viendront à sa rencontre…

Joël l'interrompit pour la mettre en garde :

– Attends, Cathy ! Est-ce que tu te rends compte que tout ça est complètement illégal ?

– Je sais. Mais si on ne fait rien, Tommy va mourir.
Joël se tut un instant et finit par accepter sa suggestion.
– D'accord. Mais il y a encore un grand problème à résoudre avant de pouvoir réaliser ton plan : nous devons obtenir la complicité de Laurence ! N'oublie pas qu'il faut lui faire accepter de mentir à Will Boston !

– C'est une question de vie ou de mort !
Cathy et Joël avaient rejoint les adultes et venaient de leur exposer leur plan.
– C'est très risqué ! Et puis, c'est un vol ! objecta Jerry.
– Mais que pouvons-nous faire d'autre ? rétorqua Joël, qui s'était définitivement rangé aux côtés de Cathy.
Sa question resta sans réponse.
– Qui dit que Will Boston va me croire ? intervint Laurence. Il s'est disputé avec Mel, et il sait que Mel et moi sommes de bons amis. Il n'a aucune raison de me faire confiance.

– Mais alors, en qui aurait-il confiance? demanda Joël.
Un lourd silence s'abattit sur l'assistance. Tous les regards se tournèrent vers Cathy. Elle sursauta, surprise :
– Vous voulez dire qu'il aurait confiance en moi ?
– Certainement, affirma Joël. Il t'aime bien, c'est sûr ! Il a vu que la foule avait apprécié ton numéro avec les dauphins, et tout ce que les spectateurs aiment, Boston l'aime aussi ! Tu es la seule qui pourrait le persuader d'écouter Laurence, expliqua-t-il. Il faudrait que tu y retournes demain comme si de rien n'était, prête à travailler avec Tommy !
– Mais ça m'obligerait à me montrer aimable avec ce type ! rechigna Cathy.
– Il faudrait savoir ce que tu veux ! Pense à ce qui risque d'arriver à Tommy si tu refuses !
Joël continua, les joues en feu :
– Tu pourrais proposer à Will Boston de travailler avec Tommy jusqu'à ce qu'il trouve un nouvel entraîneur… Il acceptera sûrement. Tu prépares le numéro avec

Tommy pendant une ou deux heures, puis tu vas lui dire qu'il faut appeler Laurence, que le dauphin a l'air mal en point et qu'il ne veut plus travailler. C'est là que Laurence donnera son verdict : il faut envoyer Tommy dans une clinique, à Orlando !

Joël se tourna vers les adultes, le visage radieux.

– C'est parfait ! Qu'est-ce que vous en dites ?

Mel approuvait de la tête tandis que Jerry discutait du plan avec Steve Peratinos. Même Laurence acceptait de prendre le risque, puisque c'était pour le bien de Tommy.

– En définitive, tout repose sur toi, Cathy, lui dit-elle de sa voix calme.

Cathy réfléchit longuement. Même si l'idée venait d'elle, elle n'avait pas imaginé jouer un rôle si important !

Joël s'impatienta :

– Cathy ? Nous devons prendre une décision !

– C'est entendu, dit-elle enfin. Je ne peux pas vous promettre de réussir, mais je vais essayer.

13

– Bonjour, monsieur Boston !

Le lendemain matin, Cathy entra d'un air dégagé dans le bureau d'Ibis Gardens. Joël et Jerry Logan venaient de la déposer au parc en lui souhaitant bonne chance. Ils allaient attendre un moment dans le parking, puis, s'ils ne la voyaient pas revenir, ils rejoindraient Laurence et Mel au centre de secours. Steve Peratinos, lui, avait été chargé de prendre contact avec ses amis du groupe de surveillance des dauphins à Dixie Springs pour qu'ils se tiennent prêts à intervenir.

Will Boston était au téléphone. Il semblait encore plus préoccupé et de mauvaise humeur que d'habitude. Il leva la tête et aperçut Cathy.

– Ah, c'est toi ? Bonjour !

Puis il reprit sa conversation :

– Écoutez ! Il ne faut pas que vous me livriez ces deux jeunes dauphins ! Je ne peux pas les accueillir ici... Je viens juste de perdre mon entraîneur, voilà pourquoi ! Eh bien, ça m'est égal si votre camion vient juste de partir. Appelez le chauffeur et dites-lui que j'ai changé d'avis !

Cathy le regarda reposer brutalement le combiné.

– Qu'est-ce que tu veux ? aboya-t-il.

– Je viens travailler avec Tommy.

– Tu sais bien que Mel Hartley ne fait plus partie du personnel d'Ibis Gardens ! Pourquoi reviens-tu voir ce dauphin ?

– Parce que je l'aime bien, répondit-elle simplement. Et que lui aussi m'aime bien.

Boston réfléchit en tirant sur sa moustache :

– Tu crois que tu pourrais travailler seule

avec lui jusqu'à ce que je trouve quelqu'un d'autre ?

– J'aimerais essayer.

Tout allait bien jusqu'ici. Elle avait réussi à garder le sourire, bien qu'elle eût les mains moites et la bouche toute sèche. Boston décrocha à nouveau son téléphone.

– Mac ? Prépare-moi l'hélicoptère, tu veux ? Faut que j'aille à Miami voir mon banquier.

Il leva la tête et sembla étonné de voir Cathy :

– Vas-y, qu'est-ce que tu attends ?

Pas un remerciement. Pas un sourire. Cathy se dépêcha de sortir avant qu'il n'ait changé d'avis.

– Et dis à Mel Hartley de ma part de ne plus jamais remettre les pieds ici, compris ! hurla-t-il. Ce ne sont pas les bons entraîneurs qui manquent !

Soulagée d'avoir surmonté le premier obstacle, Cathy se dirigea vers le delphinarium. Dans quel état serait le pauvre Tommy ? Espérant qu'au moins il aurait faim, Cathy prit un seau de poissons frais dans la réserve réfrigérée. En arrivant au bord du bassin, elle siffla deux, puis trois fois. D'ordinaire, le dauphin remontait immédiatement à la surface. Mais, ce matin, il ne réagit pas au son aigu du sifflet.

Comme Tommy ne venait pas à sa rencontre, Cathy décida d'aller le retrouver. Elle plongea et nagea sous l'eau jusqu'à lui. Elle le salua d'une caresse affectueuse sur le nez. Il répondit faiblement en levant la tête et la laissa chatouiller son menton plat, comme s'il voulait lui faire plaisir, puis il la suivit à la surface.

Elle lui parla doucement pour l'encourager :

– C'est bien ! Tu vois, on n'est pas si mal, là-haut ! Je t'ai apporté du poisson pour ton petit déjeuner.

Tout en nageant vers le bord, elle continuait à bavarder en espérant que le son de sa voix stimulerait l'énergie de Tommy. Elle sentit ses espoirs s'affirmer quand elle vit qu'il la suivait en émettant une série de petits cris aigus.

– Tu vois, c'est du bon poisson frais! susurra-t-elle. Mel l'a commandé spécialement pour toi!
Elle puisa dans le seau, mais Tommy se détourna brusquement lorsqu'elle lui lança quelques poissons. Il refusait de manger. Cathy soupira, puis se hissa hors du bassin. Il fallait absolument agir. Il était temps de passer au stade suivant de leur plan.
– Ne t'en fais pas, nous allons t'aider, promit-elle au dauphin.
Elle se releva et se dirigea vers la cabine publique située près de l'entrée du parc.
– Laurence, peux-tu venir maintenant? demanda-t-elle sans perdre de temps.
– D'accord! Laisse-moi vingt minutes!
Cathy raccrocha et alla faire un tour en attendant l'arrivée de la jeune femme. Elle avait les nerfs à fleur de peau. Elle fit plusieurs allers-retours vers le parking pour guetter le 4x4 du centre de secours. Elle passa également deux coups de fil à Joël pour lui demander de s'assurer que tout le monde était bien à son poste. Lorsque

Laurence arriva, à peine quinze minutes plus tard, toutes deux se précipitèrent vers le bureau de Will Boston.
Celui-ci s'apprêtait à partir. Aussi, quand il aperçut Laurence et Cathy, il leur montra clairement qu'il n'avait pas de temps à perdre. Cathy lui fournit rapidement quelques explications :
– Tommy ne voulait rien faire, même pas manger ! Alors, j'ai appelé Laurence pour qu'elle vienne voir ce qui se passe. Elle dit que lui aussi est tombé malade.
– Qu'est-ce qu'il a ? J'espère que ce n'est pas cette fièvre qui a tué l'autre ! Dites-moi la vérité. Est-ce qu'il va mourir ?
– C'est possible.
– J'ai misé beaucoup d'argent sur ce dauphin, ne l'oubliez pas ! Qu'est-ce que vous pouvez faire pour le sauver ?
– Il a besoin d'un traitement que je ne peux pas lui dispenser. Il faudrait l'emmener à Orlando, chez Matt Greenaway. C'est le meilleur spécialiste des dauphins que je connaisse.

– Vous ne pouvez pas lui demander de se déplacer ?
– Impossible, tout le matériel est là-bas. Il doit être soigné sur place. Me donnez-vous votre accord ?
– Combien ça va me coûter, tout ça ?
– Pas un sou. Comme il s'agit de découvrir quel est ce virus mystérieux, le centre va supporter les frais.
La réponse de Laurence toucha la corde sensible de l'avare :
– Vous voulez dire que ce sera gratuit ? Et le transport ?
– Les gens du groupe de surveillance des dauphins sont prêts à nous envoyer un camion.
L'idée d'un traitement gratuit séduisait trop Boston pour qu'il puisse résister longtemps. Il considéra un moment la proposition, jeta un coup d'œil vers Cathy et se décida.
– Allez-y ! finit-il par grommeler.
Cathy sentit son cœur manquer un coup.

La suite de leur plan se déroula comme sur

des roulettes. Steve Peratinos arriva à l'entrée du parc avec son camion quelques minutes plus tard. Jerry Logan et Joël étaient assis près de lui dans la cabine. Cathy et Laurence avaient averti les gardiens en leur racontant la même histoire qu'à M. Boston. Aussi la grande porte s'ouvrit-elle pour laisser le passage au camion, qui entra lentement à l'intérieur du parc. Steve le gara devant les portes du bassin d'entraînement. À l'aide du monte-charge hydraulique, il fit descendre le réservoir dans le bassin. Laurence se dirigea vers Cathy.

– Si tu parviens à le faire remonter à la surface, je suis prête pour lui injecter un tranquillisant, dit la vétérinaire. Il respirera et restera conscient, mais ça lui facilitera le voyage : ce sera moins pénible pour lui s'il est un peu engourdi.

– Je ne suis pas sûre d'y arriver…, soupira Cathy.

Elle lança une petite série de coups de sifflet et guetta l'apparition du dauphin. Il finit par remonter pour reprendre de l'oxygène. Laurence se pencha vivement vers lui et lui injecta le tranquillisant. La drogue fit rapidement effet ; en quelques secondes, Tommy se laissait ballotter mollement entre deux eaux.

– Allons-y ! lança la vétérinaire.

Cathy et Joël sautèrent dans le bassin. Ils nagèrent sous Tommy et le soulevèrent, tandis que Steve manœuvrait le réservoir depuis la cabine en poussant des leviers. Lorsqu'il fut suffisamment bas, Laurence, Joël et Cathy poussèrent Tommy à l'intérieur. La pauvre bête était trop abrutie pour réagir. Steve remonta le réservoir, puis l'amarra solidement à l'arrière de l'énorme camion. Accompagné de Jerry, il vérifia une dernière fois les fixations, puis ils grimpèrent dans la cabine, suivis de Joël.

Laurence félicita Cathy :

– Tu as fait du bon travail !

– Merci, mais ce n'est pas fini. Attendons d'avoir ramené Tommy à Dixie Springs !

14

Cathy s’assit à côté de Laurence dans le 4x4 et elles franchirent bientôt le portail d’Ibis Gardens. Sur le parking les attendait Mel. Il avait été convenu qu’il ne pénétrerait pas dans le parc pour ne pas être vu par les employés. Il grimpa dans le camion de Steve, et les deux véhicules prirent la route de Dixie Springs. Cathy poussa un soupir de soulagement.

Cathy et Laurence roulaient en silence depuis plusieurs minutes lorsque le téléphone portable de la jeune femme sonna. Elle décrocha, et Cathy la vit se raidir en reconnaissant la voix à l'autre bout de la ligne.

– C'est Will Boston, murmura-t-elle en reposant le téléphone. Il dit qu'il nous rattrape !

Elle serra le volant. Elles arrivaient au pont qui traversait la dernière baie.

– Mais comment il a su ? s'affola Cathy.

Elle se pencha par la vitre en essayant de voir qui suivait le camion.

– Pas par la route, en hélicoptère ! Pendant son voyage pour Miami, il a téléphoné à Matt Greenaway pour lui demander s'il savait que Tommy allait lui être amené.

– Oh non ! Et Matt lui a répondu qu'il n'en savait rien ?

Laurence acquiesça :

– Boston s'est aussitôt douté de notre plan : je n'aurais pas dû lui parler du groupe de surveillance des dauphins ! C'est grâce à cet indice qu'il a deviné que nous allions à Dixie Springs.

Cathy leva les yeux vers le ciel bleu. Elle ne vit qu'un avion qui volait très haut, laissant une traînée blanche dans le ciel. Toutefois, elle crut entendre quelque chose par-delà le rugissement du moteur de l'énorme camion qui les talonnait. C'était un bruit dur et métallique. Soudain, elle vit l'hélicoptère qui s'approchait rapidement.

– Qu'allons-nous faire ? s'exclama-t-elle, paniquée.

Laurence ne répondit pas. Sans lever le pied de l'accélérateur, elle appela Steve sur son portable. Regardant par-dessus son épaule, Cathy le vit décrocher. Elle remarqua la réaction de surprise de Joël quand il apprit la nouvelle. À son tour, il passa la tête par la fenêtre pour tenter d'apercevoir l'hélicoptère. Le bruit de l'engin devenait infernal. Il les survolait, passant presque au-dessus de leurs têtes.

– Que faisons-nous maintenant ? hurla Cathy en direction du camion.

– Continuez ! lui cria Joël. Il n'est pas trop tard !

Elle lut la réponse sur ses lèvres plus qu'elle ne l'entendit.

– Joël nous dit de continuer ! transmit-elle à Laurence d'une voix étouffée.
– Oui, mais nous n'allons jamais réussir à le semer !
Laurence conduisait aussi vite que possible, gardant un œil sur le rétroviseur pour s'assurer que le camion les suivait. Mais elle avait beau faire, l'hélicoptère se trouvait toujours au-dessus d'eux. Boston les rappela encore. Cette fois, ce fut Cathy qui répondit. Il leur hurlait de s'arrêter et les menaçait des pires sanctions si elles continuaient malgré tout.
– Si vous faites ce que je crois, c'est-à-dire si vous remettez ce dauphin à la mer, je vous intenterai un procès ! Et le centre de secours n'aura plus qu'à fermer ses portes, je vous préviens ! C'est du vol pur et simple !
Cathy essaya de l'interrompre :
– Écoutez, monsieur Boston ! Écoutez-moi juste une seconde ! Tommy mourra si vous le gardez à Ibis Gardens !
Laurence emprunta la route étroite qui menait à Dixie Springs. Derrière elles, le

camion s'engagea à son tour sur le chemin, soulevant un épais nuage de poussière, qui enveloppa l'hélicoptère. Boston continuait à hurler. Les mains de Laurence se raidirent sur le volant :

– Laisse tomber ! Inutile de discuter avec lui !

Cathy reposa le combiné. La vue du nuage de poussière lui avait donné le faible espoir qu'elles pourraient tenir l'hélicoptère à distance tandis qu'elles poursuivraient la réalisation de leur plan. Elle expliqua son idée à Laurence.

– Plutôt que d'aller au port, nous devrions conduire le camion sur la plage.

– Mais pourquoi ?

– Parce que, en roulant sur la plage, les roues du camion vont faire voler le sable ! Tu as vu le nuage de poussière qu'ils ont soulevé sur la petite route que nous venons de prendre ? Nous allons déclencher une sorte de tempête de sable pour empêcher l'hélicoptère de nous suivre de près !

– Bonne idée !

Laurence changea d'itinéraire et traversa une étendue d'herbes folles qui menait directement à la plage.

– Si nous pouvons les empêcher de nous coller, et les obliger à atterrir loin de l'endroit où nous allons nous arrêter, nous aurons peut-être le temps de descendre le réservoir et de remettre Tommy à la mer. Là, il sera en sûreté !

– Est-ce qu'ils nous suivent ? demanda Laurence.

Les roues du 4x4 patinèrent sur le sable de la plage, soulevant un nuage de poussière blanche. Agrippée au volant, la jeune femme essayait de maintenir l'équilibre de la voiture.

– Oui !

Cathy regarda vers la plage. Elle espérait que le sol serait à la fois assez ferme pour leur permettre de rouler et suffisamment meuble pour que les roues fassent voler du sable.

Au-dessus de leurs têtes, l'hélicoptère continuait à voler très bas en décrivant des

cercles. Il les menaçait, tel un insecte géant, les harcelant de près. C'est alors que le camion déboucha sur la plage, soulevant un épais nuage de sable. Le pilote changea brusquement de direction, et l'engin s'éleva dans les airs en attendant que le nuage retombe. Cathy se tourna vers Laurence :
– Ça marche ! Tu peux y aller !
Plus elles prenaient de la vitesse, plus le nuage grossissait. Mais elles savaient que le répit serait de courte durée. Elles continuèrent à filer le long de la plage. À présent, elles entendaient toujours le vrombissement du moteur de l'hélicoptère, mais elles ne pouvaient plus le voir.
– Et maintenant que faisons-nous ? Est-ce qu'on essaie ?
Laurence hocha la tête en signe d'assentiment. Elles firent un signe à Steve, lui indiquant le rivage. Le 4x4 tourna en tanguant et avança vers l'écume blanche des vagues. Bientôt, il atteignit la mer et s'y enfonça jusqu'aux essieux. Le camion venait d'effectuer une manœuvre à côté. À présent, il

roulait dans l'eau en marche arrière. Laurence et Cathy sautèrent à terre et coururent aider les hommes à mettre le réservoir en position à l'extrémité du camion pour pouvoir ensuite le faire descendre. Steve se dépêchait d'actionner la plate-forme afin d'abaisser en douceur le réservoir vers les vagues.

Enfin, le réservoir toucha le fond avec un bruit mat. Cathy, Joël et Mel coururent se mettre à côté, dans l'eau jusqu'à la taille.

– Vous avez entendu ?

C'était Jerry qui les interpellait depuis la plage. Debout, une main en visière pour se protéger les yeux du sable, il regardait en direction de l'hélicoptère. Cathy tendit l'oreille. Jerry avait raison : le bruit du moteur s'était tu et les hélices tournaient au ralenti.

– Vite ! cria-t-elle. Comment on ouvre ce truc ?

Mel se prépara à déverrouiller la porte située à l'arrière du réservoir. À l'intérieur, Tommy semblait avoir surmonté les effets du tranquillisant. Il était en alerte et donnait du museau contre les parois du réservoir. Mel avertit les autres :

– Quand nous aurons ouvert cette porte, l'eau va se déverser dans l'océan, et le dauphin avec. Vous êtes prêts ?

Cathy avala sa salive.

– Tu peux y aller ! dit-elle dans un souffle.

Ils firent coulisser la porte... et Tommy glissa dans la mer au milieu des flots d'eau libérée.

15

– Allons Tommy, nage ! l'encourageait Cathy. Sans faire attention aux vagues qui la submergeaient, elle enjoignait au dauphin de prendre le large. Mais celui-ci restait étendu, sans mouvement, près du rivage. L'eau n'était pas assez profonde ! Une vague roula jusqu'à lui et s'écrasa contre son corps lisse.

– Dépêche-toi avant que Will Boston n'arrive, je t'en prie !

Soudain, comme s'il comprenait l'urgence de la situation, Tommy remua sa queue. Avait-il entendu les signaux aigus de quelques-uns de ses congénères en provenance de la haute mer ? Cathy pensa que jamais leur plan n'avait été à la fois si près et si loin de réussir.

Pendant ce temps, Boston s'approchait en hurlant. Quand Cathy l'aperçut, elle se tourna vers Joël et Mel.

– La prochaine fois qu'il y a une grosse vague, nous le pousserons pour que le ressac puisse l'emporter ! s'exclama-t-elle fiévreusement.

Joignant le geste à la parole, elle mit une main sur le large dos de Tommy et posa l'autre sous son ventre.

– Arrêtez ! ordonna Boston qui s'avançait vers eux en pataugeant dans l'eau.

Jerry Logan se mit en travers de son chemin et cria à Steve et Laurence d'aller aider les autres. Alors qu'il empêchait Boston de passer, une grosse vague vint éclater sur le rivage avec violence. La force de l'eau souleva Tommy ; en même temps, cinq paires de mains salvatrices le poussèrent avec force vers le large.

Le dauphin flottait ! Il tourna la tête vers la ligne d'horizon. Il écoutait ses congénères de Dixie Springs lancer leur appel. Cathy ne pouvait ni les voir ni les entendre, mais elle savait qu'ils étaient là. Tommy hésita encore quelques secondes. Mais l'appel du large fut le plus fort et, après avoir jeté un dernier regard à Mel, le dauphin se lança vers la haute mer.

Tommy nageait enfin, fendant l'écume comme une flèche. Cathy nageait près de lui et continuait à l'encourager de la voix. Soudain, à quelques mètres à peine du rivage, elle découvrit tout un banc de dauphins qui attendaient leur nouveau compagnon ! Cathy vit alors Tommy s'éloigner d'elle.

– Au revoir ! lança-t-elle d'une voix étranglée.

Une gerbe d'eau de mer jaillit sur elle : Tommy plongeait dans les profondeurs sous-marines.

Tout était fini. Comme dans un rêve, elle

aperçut Will Boston, debout sur le rivage à côté de Jerry Logan, qui regardait son dauphin disparaître dans l'océan, puis Mel, Steve, Joël et Laurence, rassemblés au bord de l'eau, qui écoutaient l'appel des dauphins. C'est alors que la chose la plus incroyable se produisit. Cathy sentit l'eau tourbillonner sous ses jambes et elle se retrouva soudain à califourchon sur Tommy. Elle chevauchait le dauphin ! Il filait à toute allure vers le large, accompagné de ses nouveaux amis, qui nageaient à ses côtés et lui souhaitaient la bienvenue avec des sauts et des cabrioles.

Brusquement, Tommy vira à droite et traversa toute la longueur de la baie avec Cathy sur son dos. Il lui fit faire un tour complet, puis revint vers le rivage. Le voyage était terminé. C'était bien un dernier au revoir. Il la déposa doucement non loin du bord et partit rejoindre le banc de dauphins. Lorsqu'elle se trouva auprès de ses amis, un mélange de larmes et d'eau salée coulait sur ses joues. Joël lui prit la main.

– Il est heureux, lui murmura-t-il.
– Moi aussi.
Cathy s’essuya le visage, leva les yeux vers son ami et sourit. Il lui rendit son sourire.
Ils entendirent soudain la voix de Jerry Logan :
– Écoutez-moi tous, Will vient d’avoir une idée géniale !
Le grand-père de Joël les pressait de regagner la terre ferme.
Will ? Cathy fit la grimace. Pour quelle raison M. Boston avait-il cessé de hurler après eux ? Pourquoi ne leur reprochait-il pas d’avoir relâché Tommy ? Et pourquoi restait-il planté là, une expression étrange sur son visage ? Était-ce bien un sourire qui pointait sous sa moustache ?
Jerry l’encourageait à parler.
– C’est en te regardant sur le dos de ce dauphin que l’idée m’a frappé ! Voilà une expérience unique et tout à fait nouvelle pour les visiteurs d’Ibis Gardens !
– Que voulez-vous dire par là ? demanda Mel.
– Vous ne comprenez pas ? Nous allons programmer pour nos visiteurs une excur-

sion d'une demi-journée ! Départ d'Ibis Gardens en bus à destination de Dixie Springs. Puis nous allons les emmener en bateau pour voir les dauphins. Avec un expert comme Steve ou Mel pour faire le guide ! C'est mieux que de leur montrer des dauphins en captivité, vous ne trouvez pas ?

– Cette idée, est-ce réellement la sienne ? demanda Cathy à Jerry après le départ de Will Boston.

Le petit groupe s'attardait sur la plage, regardant vers le large. Pour toute réponse, le grand-père de Joël sourit mystérieusement.

– Alors, tout le monde est content ? demanda Steve.

– Tommy va nous manquer terriblement, répondit Joël, mais c'est un sentiment merveilleux de l'avoir aidé à connaître la liberté !

– C'est le plus merveilleux sentiment qui soit au monde ! ajouta Cathy.

FIN

Avis aux lecteurs

Toi aussi tu aimes beaucoup les animaux ?
Tu peux en parler à Lucy Daniels, si tu veux,
en écrivant à :
Bayard Éditions Jeunesse
Lucy Daniels - Collection 100 % Animaux
3, rue Bayard
75008 Paris

EXTRAIT

Et voici une autre aventure
de Cathy et James
dans

Le Panda abandonné

4

Le lendemain matin, après une grasse matinée, les deux enfants trouvèrent Emily, Adam, le Dr Yun et Rick sur le pas de la porte.
– Comment va Li Li ? demanda Cathy avant même de leur dire bonjour.
– Elle va bien. J'allais justement me rendre auprès d'elle, dit le Dr Yun. Elle est probablement encore incapable de se débrouiller toute seule, alors je vais lui porter son petit déjeuner. Vous voulez venir ?
Cathy et James ne se le firent pas dire deux fois.
Les pins cédaient du terrain aux bambous à mesure que le petit groupe s'enfonçait dans la forêt. Le feuillage des cimes de plus en

plus hautes filtrait les rayons du soleil d'hiver. Cathy et James remarquèrent des traces de dents sur les feuilles et les tiges de bambou.
– Vous devez savoir que les pandas sont voraces, dit le Dr Yun.
– M. Chang nous l'a expliqué, acquiesça Cathy.
Un bruit de pas derrière eux annonça l'arrivée de Rick, qui portait un grand panier couvert de papier.
– Ce sont des boulettes de riz, dit-il.
La route dessinait une grande courbe. Le Dr Yun ralentit l'allure et posa son index sur ses lèvres :
– Faites le moins de bruit possible, dit-elle à mi-voix. Li Li est dans une clairière juste derrière ce fourré, et il ne faut surtout pas l'effrayer.
La zoologiste avança en silence, suivie de Cathy et Rick. James et Mei Ling leur emboîtèrent le pas. Cathy était très impa-

tiente de voir le panda, et elle lut la même chose sur le visage de James.

Le Dr Yun, marchant sur la pointe des pieds, jeta un œil entre deux bambous, puis fit signe aux autres de la rejoindre. À l'autre bout de la clairière, Cathy vit un panda assis, mâchouillant une feuille de bambou.

– On dirait que les antibiotiques ont agi, murmura James.

– Tout à fait, dit le Dr Yun. Li Li semble aller très bien. Seulement, avec sa blessure, elle aura du mal à grimper pour attraper les pousses qui lui plaisent. Je vais lui laisser ces boulettes de riz au cas où elle aurait faim.

Li Li les contempla un peu étonnée, mais elle ne paraissait pas le moins du monde effrayée. Le Dr Yun déposa le panier à quelques pas du panda avant de retourner auprès des autres.

Très lentement, Li Li fit un pas en avant, évitant de poser sa patte blessée sur le sol.

EXTRAIT

Elle regarda autour d'elle, puis renifla les boulettes. Elle perdit l'équilibre et se laissa tomber avec lourdeur sur son arrière-train. Elle scruta de nouveau les alentours et s'empara d'une boulette de riz, qu'elle fourra dans sa bouche.

Cathy était aux anges.

– Oh ! Elle est trop mignonne ! souffla-t-elle.

– Pince-moi ! Jamais je n'aurais cru qu'un jour je verrais un panda d'aussi près, chuchota James.

Li Li avait terminé sa première boulette de riz et s'attaquait à une deuxième.

– Laissons-la manger tranquillement, dit le Dr Yun.

Cathy lança un dernier regard au panda avant de s'éloigner à regret.

– Nous devons veiller à ne pas déranger Li Li pendant sa convalescence, ajouta le Dr Yun. Il lui faudra un bon moment pour recouvrer ses forces, et elle n'a pas l'habitude de voir des inconnus.

EXTRAIT

Cathy hocha la tête, plongée dans ses pensées.

– Au fait, dit-elle en se ressaisissant, nous avons vu un bébé panda hier en venant ici, beaucoup plus bas dans la montagne.

– Ça, c'est bizarre ! De quelle taille était-il ?

– Nous n'avons vu que sa tête, mais il devait être haut comme ça, dit la fillette, posant sa main à hauteur de son genou.

– Alors, il doit avoir trois ou quatre mois, fit le Dr Yun, pensive. Êtes-vous sûrs de vous ?

– Oui ! affirmèrent Cathy et James à l'unisson.

– Où exactement l'avez-vous vu ?

– Sur la route, en dessous de la station, répondit James.

Le Dr Yun, fronçant les sourcils, échangea quelques mots en chinois avec sa fille.

– Pardonnez-nous, fit Mei Ling, on est juste en train d'essayer de deviner de quel bébé il s'agit. En général, ils ne s'approchent pas de la route.

– Grâce aux émetteurs de leurs mères, nous savons où ils se trouvent, ajouta le Dr Yun. Nous vérifierons leur position dès notre retour à la station.

Une fois de retour, le Dr Yun examina le dispositif de surveillance :

– Les mères dont nous connaissons l'existence vivent assez haut dans la montagne. Tout contact avec des humains les perturbe, c'est pourquoi nous évitons de nous en approcher jusqu'au sevrage des petits.

– Pourrait-il s'agir du bébé de Li Li ? questionna Cathy.

– Possible. Peut-être a-t-elle eu un petit sans que nous le sachions. Le bébé aurait échappé à la vigilance de sa mère, reprit le Dr Yun, et Li Li se serait blessée en partant à sa recherche.

Le Dr Yun rejoignit Adam et Emily dans le bureau mitoyen.

– Emily, demanda-t-elle, croyez-vous que Li Li pourrait être en période d'allaitement ?

EXTRAIT

– Je ne peux pas l'affirmer. Je n'ai pas pu l'approcher assez pour m'en apercevoir. Pourquoi ?

– Cathy et James ont vu un petit, hier en venant ici, dit le Dr Yun.

– Tu en es sûre ? demanda Emily Hope à sa fille en se levant de sa chaise.

– Sûre et certaine, fit Cathy.

– Li Li n'aurait jamais pu rattraper un petit, vu son état, dit Mme Hope. Sa patte était bien trop abîmée. Le bébé se serait échappé, alors ?

– C'est inhabituel, mais c'est ce qui a dû se produire, répondit le Dr Yun. À cet âge-là, on commence à jouer et à explorer les environs. D'ailleurs, il pourrait s'agir de n'importe lequel des petits. Il arrive que les pandas descendent de la montagne en hiver pour se nourrir.

– Alors, vous savez ce qu'il nous reste à faire ! intervint Rick. Allons débusquer ce fameux bébé panda !

EXTRAIT

Découvre vite la suite de cette histoire
dans

Le Panda abandonné

N° 305 de la collection

100% animaux

100% animaux

Partage ta passion des animaux avec Cathy et James !

301. Il faut retrouver Perle !
304. Les larmes du dauphin
305. Le panda abandonné
310. Réglisse a disparu !
311. Sauvons les poulains !
312. Une girafe en péril
313. Comment sauver Harry ?
314. Perdue dans la nuit
315. Qui veut adopter un chaton ?
316. Un hamster trop gourmand
317. Une maison pour Marco et Polo
318. Flibuste est un coquin !
319. Prince ne doit pas courir !
322. Le Noël du chien de berger
323. Perdu dans la savane
324. Nanook, chienne des neiges
325. Un singe en danger
326. Des poneys en liberté
327. Seul dans la ville
328. Mission ours polaires
329. Sept chatons à nourrir

Imprimé en Allemagne par Clausen & Bosse